Wachner · Mündliche Prüfung bestanden!

Peter Wachner

Mündliche Prüfung bestanden!

Tipps, Vorbereitungs- und Verhaltensstrategien, die den Erfolg sichern

Unter Mitarbeit von Thomas Wachner
Illustriert von Andrea und Peter Wachner

GABLER

Die Deutsche Bibliothek – CIP-Einheitsaufnahme

Wachner, Peter:
Mündliche Prüfung bestanden!: Tipps, Vorbereitungs- und Verhaltensstrategien, die den Erfolg sichern / Peter Wachner. Mitarb.: Thomas Wachner. Ill. von Andrea und Peter Wachner. –
Wiesbaden: Gabler, 1999
ISBN 3-409-11439-4

Der Gabler Verlag ist ein Unternehmen der Bertelsmann Fachinformation GmbH.

http://www.gabler-online.de

Druck und buchbinderische Verarbeitung: Lengericher Handelsdruckerei, Lengerich/Westfalen
Printed in Germany

ISBN 3-409-11439-4

Vorwort

Eine mündliche Prüfung ist für die meisten Menschen eine besondere Herausforderung. Ganz gleich, ob die Abiturprüfung, eine Zwischen- oder Abschlussprüfung in einem Studiengang abgelegt werden soll, oder ob es um den letzten Prüfungsteil in einem handwerklichen oder kaufmännischen Beruf geht, der Prüfling weiß, dass seine ganze Persönlichkeit gefordert ist.

In einer mündlichen Prüfung kommt es aber nicht nur auf eine gute und überzeugende Darlegung von Fachwissen an. Es spielen noch viele andere Dinge eine Rolle, die entscheidend den Erfolg bestimmen.

Dieses Buch zeigt, welche psychologischen Aspekte zusammentreffen. Es enthält viele Hinweise und praktische Tipps, wie Sie durch Ihre Persönlichkeit und eine gute Präsentation überzeugen können. Es ist ein Buch, dass Prüflingen Mut macht. Es enthält praxiserprobte Methoden, wie Sie die Prüfungsvorbereitung gestalten und die Prüfung in ihrem Verlauf aktiv bestimmen können. Nach dem Lesen dieses Buches werden Sie in Ihrer Prüfung nicht wie der Hase vor der Schlange sitzen, sondern wissen, was Sie bei einem eventuellen Vortrag vor dem Prüfungsausschuss beachten wollen, wie Sie als Prüfling das Gespräch steuern können und wie Sie typische Fehler vermeiden können.

Eine mündliche Prüfung ohne Herzklopfen und Lampenfieber ist fast nicht denkbar. Ich hoffe, dass dieses Buch zum sicheren Bestehen Ihrer Prüfung beiträgt und wünsche Ihnen besten Erfolg!

Frankfurt, im Januar 1999

Peter Wachner

Inhaltsverzeichnis

Vorwort V

A. Die Prüfung

1. Der besondere Charakter der mündlichen Prüfung 3
2. Die Psychologie des fremden Raumes 7
3. Die Begegnung: Prüfling und Prüfer! 11

B. Der Prüfling

4. Spiegeln Sie das Bild Ihres Berufsstandes wider? 17
5. Wer bin ich? - Was will ich? 21
6. Die persönliche Erscheinung 25
7. Den eigenen Rhythmus finden 29
8. Das richtige Denk-"strick"-muster wählen 31
9. Der Augenkontakt 35

C. Die Vorbereitung

10. Das wird von Ihnen erwartet! 41
11. Die Grenzen abstecken mit Hilfe der Prüfungsordnung 45
12. Aufgabenstellungen und Aufgabeninhalte 47

D. Der Vortrag

13. Die Vorbereitungszeit optimal nutzen 53
14. Das Rede-Stichwort-Skript 55
15. Achten Sie auf die Zeit 59
16. Die Fachsprache bringt Sie weiter 63
17. So zeigen Sie Sicherheit 65
18. Das Beispiel - wirksam, wenn treffend 69
19. Die W-Fragen als Standardkonzept 73
20. Einfach und genau, das trifft den Kern 77
21. Vollständig und klar! 81
22. Die Gliederung des Vortrags 85

23. Setzen Sie den Punkt 89
24. Die Technik des mündlichen Vortrags 91
25. Die Vortragsweise trainieren 93

E. Das Gespräch

26. Den Anfang des Gedankenfadens finden 97
27. Die Fragetechniken kennen 101
28. So steuern Sie den Verlauf des Prüfungsgesprächs 107
29. So halten Sie das Gespräch in Fluss 109
30. Ein Problem aufzeigen können ist oft schon genug 111
31. Verbindende Worte verbinden 115
32. Die Kraft der Vorstellung nutzen 117
33. Sicher argumentieren können 121
34. Die gemeinsame Basis finden 123
35. Überraschungen im Prüfungsgespräch erfolgreich meistern 125
36. Mut zur Lücke 129
37. Die eigenen Grenzen kennen 131
38. Wer sollte das Thema wechseln? 133
39. Die häufigsten Fehler vermeiden 137
40. Schwächen machen sympathisch 139
41. Wenn es gar nicht weiterzugehen scheint 141
42. So haben Sie Ihre Nervosität im Griff 143

Stichwortverzeichnis 145

A

DIE PRÜFUNG

1. Der besondere Charakter der mündlichen Prüfung!

"Ich dachte, ich halte das nicht aus! Werde ich verrückt? Der Gedanke an die mündliche Prüfung machte mich ganz nervös und kribbelig. Wie sollte ich das schaffen? Würde ich das durchstehen?", so empfand Gabriele Koch, wenn sie an ihre Prüfung zur Steuerfachangestellten dachte.

Wer kennt den Weg?

So wie Frau Koch empfinden viele, ja die meisten Menschen, wenn sie sich besonderen Ereignissen im Leben stellen müssen. Dabei hat Frau Koch in ihrem Leben schon viele Dinge erfolgreich meistern müssen. Frau Koch, 26 Jahre alt, verließ schon früh die Schule und begann eine Lehre als Bankkauffrau. Mit 17 Jahren musste Sie 150 Kilometer von zu Hause weg in eine größere Stadt ziehen, um ihre Lehre zu beginnen. Dort lebte sie das erste Mal allein und musste auch allein mit einem eigenen Haushalt, der neuen Umgebung und den Anforderungen in der Berufswelt fertig werden. Nach neun Monaten Lehre erhielt sie die Nachricht, dass ihre Mutter sehr krank ist und auf fremde Hilfe angewiesen ist. Der Vater war schon fünf Jahre vorher gestorben.

Ohne viele Umstände zu machen, erklärte sie die Situation ihrem Chef, gab die Lehre auf, kehrte nach Hause zurück und pflegte ihre Mutter, die nach zwei Jahren verstarb. Nun war sie allein und mittellos. Sie jobte bei mehreren Firmen und war überall ein geschätzter Mitarbeiter. Ihre freundliche Art gefiel, ihre Aufgaben erledigte sie zuverlässig und zur Zufriedenheit ihrer Chefs. Frau Koch lernte im Laufe der nächsten Jahre ihren Lebensgefährten kennen. Sie ist nun Mutter und hat neben ihrem Haushalt einen 18-monatigen kleinen Sohn zu versorgen. Sie entschloss sich vor drei Jahren eine Ausbildung zur Steuerfachangestellten zu beginnen. Frau Koch ist davon überzeugt, dass sie sich durch ihre qualifizierte Ausbildung den Weg zurück in die Arbeitswelt erobern kann.

Würde man sagen können, dass Frau Koch eine Frau ist, die mitten im Leben steht, und schwierige Probleme im Leben gemeistert hat? - Und dennoch, der Gedanke an die mündliche Prüfung ließ Frau Koch nervös und zittrig werden. Den schriftlichen Prüfungsteil hatte sie erfolgreich bestanden, doch die mündliche Prüfung schien eine besondere Herausforderung für sie zu sein. Warum?

"Praktische Arbeit ist eine Sache, der mündliche Prüfungsteil jedoch eine ganz andere Sache", sagte ein Maurermeister, der seine Meisterprüfung gerade erfolgreich abgelegt hatte. "Ich hätte lieber noch vier Wände mehr gemauert, als mich noch eine halbe Stunde länger dem Prüfungsgespräch ausgesetzt", fügte er hinzu. Warum ist praktische Arbeit eine Sache und der mündliche Prüfungsteil eine andere Sache? In der praktischen Arbeit kann der Prüfling seine berufliche Geschicklichkeit zeigen, die er während seiner Lehrzeit geübt und erworben hat. Auf den praktischen Prüfungsteil - in handwerklichen Berufen - oder den schriftlichen Prüfungsteil - in kaufmännischen und anderen Berufen - kann er sich einüben und trainieren. Am Ende der Arbeit liegt immer ein Werk vor ihm, er sieht, was er gearbeitet hat. Während dieser Artbeit ist er auf sich selbst gestellt. Ist das Werk vollendet, löst er sich von seiner Arbeit, übergibt sie zur Begutachtung seinen Prüfern und er hat schon eine eigene Meinung über das zu erwartende Urteil.

Ganz anders ist es in einer mündlichen Prüfung. "Die mündliche Prüfung ist eine dynamische Auseinandersetzung mit der Persönlichkeit des Prüfungskandidaten und den Prüfern, die erkennen wollen, ob der Prüfling als Mensch in den Rahmen seines Berufes passt und ob er Fähigkeiten erworben hat, die seinem Berufsstand entsprechen", äußerte kürzlich ein Prüfer, der schon seit 30 Jahren im Prüfungsausschuss bei seiner örtlichen Industrie- und Handelskammer Kaufleute in mündlichen Prüfungssituationen erlebt, auf die Frage, was denn das Besondere an einer mündlichen Prüfung sei.

Die Darstellung der eigenen Persönlichkeit, die Darstellung eines gewissen Selbstvertrauens, die Darstellung seinen Berufsstand geeignet vor einer fremden Prüfungskommission zu repräsentieren, ist es, was Prüflingen zu schaffen macht und sehr nervös werden lässt. Personen, die im Leben schon viele Schwierigkeiten meistern mussten - denken wir noch einmal an Frau Koch - sind deshalb vor einer mündlichen Prüfung genauso ratlos und hilflos, wie Personen, die genau wissen, wie eine Wand gemauert wird. Doch es gibt Regeln, die in einer mündlichen Prüfung beachtet werden müssen, es gibt Techniken, die Sie erlernen können, um der Herausforderung einer mündlichen Prüfung zu begegnen, es gibt gewisse "Rituale" im Ablauf einer mündlichen Prüfung, die Sie kennen müssen, um erfolgreich zu sein. Ein erfolgreicher Personalchef einer großen internationalen Firma, der auch schon selbst viele Jahre Prüfer für Personalkaufleute ist, sagte: "Wenn ich vor einer schweren Verhandlung stehe, in der meine ganze Persönlichkeit und Geschicklichkeit gefordert wird, stelle ich mir eine Situation außerhalb meines Berufes vor, zum Beispiel aus dem Gebiet des Sports, und denke über die besonderen Fähigkeiten dieses Sportlers nach. Ich frage mich dann, was ihn so erfolgreich sein lässt. Wenn ich das herausgefunden habe, versuche ich seine Situation auf meine bevorstehende Aufgabe zu übertragen. Ich komme dadurch zu erstaunlichen Ergebnissen und erkenne für mich, wie ich in meiner bevorstehenden Situation reagieren könnte."

Auf die Frage hin, welches Beispiel er denn Prüfungskandidaten geben könne, die vor einer mündlichen Prüfung stehen, sagte er weiter: "Ich bin ein begeisterter Fan des Fechtsports und deshalb würde ich Prüfungskandidaten die Betrachtung eines Fechtmeisters empfehlen. Ich bewundere einen Fechtmeister, wie er sich in einem Turnier verhält. Er beherrscht seinen Körper und Geist fast vollkommen. Ich bewundere seine Reaktionsfähigkeit; die Kunst, wie er seinen Degen führt, wie er seine Attacken ausführt, aber auch geschickt zurückweicht, um sich zu verteidigen. Der Fechtmeister kennt seine Stärken, aber auch seine Schwächen und auch die seines Gegners. Er wird seinen Gegner weder über- noch unterschätzen. Fair und ebenbürtig begegnet er ihm im Kampf mit dem Ziel zu siegen. Seine Bewegungen im Kampf führt er mit einer gewissen Grazie aus, die das Bild eines Tänzers erscheinen lässt. Dies nimmt dem Kampf die Härte. Alles sieht leicht und überlegen aus, wenn er seinen Degen sicher führt. Eine mündliche Prüfung ist eine geistige Auseinandersetzung. Ein Prüfungskandidat kann, glaube ich, von dem Bild eines Fechtmeisters viel lernen, was seine Verhaltensstrategien anbelangt."

Wenn man dieses Bild des Fechtmeisters analysiert und auf ein mündliches Prüfungsgespräch überträgt, so lassen sich zum Beispiel folgende Überlegungen ableiten:

1. Der Prüfling muss seine Fähigkeiten - Stärken und Schwächen - gut kennen.

2. Der Prüfling muss gut vorbereitet sein. Eine gute Vorbereitung schützt ihn, so wie auch ein Fechtmeister von Kopf bis Fuß geschützt ist, vor Niederlagen und ernsten Verletzungen.

3. Der Degen eines Prüflings ist seine geschickte Sprachführung. Sie wird ihm helfen, die nötigen Treffer zu erlangen, d.h. Punkte zu sammeln.

4. Nur derjenige, der mit dem Anforderungsprofil der Prüfung gut vertraut ist und die Arbeitsweise eines Prüfungsausschusses kennt und sich in seine Aufgaben hineinversetzen kann, wird den Sieg erreichen, d.h. erfolgreich sein.

5. Der Prüfling darf weder sich selbst noch seine Prüfer über- oder unterschätzen, sondern bewährt sich als Gesprächs**partner,** wenn auch noch "jünger" und unerfahrener als seine Prüfer.

6. Die Vorbereitungszeit auf eine mündliche Prüfung muss daher auf die Darstellung eines gewissen Selbstvertrauens gelenkt werden. Die Darstellung der Persönlichkeit des Prüflings in Bezug auf seinen Berufsstand ist der besondere Charakter einer mündlichen Prüfung.

Dieses Gebäude kann natürlich nur sicher stehen, auf der soliden Grundlage des erworbenen Fachwissens. Doch in den schriftlichen bzw. praktischen Prüfungsteilen hat der Prüfling schon gezeigt, dass er sich diese Fähigkeiten erworben hat.

Eine Prüferin äußerte kürzlich: "Jedes Mal wenn ein neuer Prüfungskandidat aufgerufen wird und vor unserem Prüfungsausschuss erscheint, bin ich neugierig darauf, welcher Mensch uns begegnen wird und inwiefern ich ihm abnehmen kann, dass er seinem erlernten Beruf künftig gerecht werden wird." In der mündlichen Prüfung kommt es also auf Sie - den Menschen - an. Man will wissen, ob Sie sich den Habitus des erstrebten Berufsstandes erworben haben, ob Sie mit Ihrer ganzen Persönlichkeit dem Bild eines Arztes, eines Dipl.-Kaufmanns, eines Rechtsanwalts, einer Steuerfachangestellten, einer Verkäuferin, einer Europasekretärin, eines Handwerkmeisters, eines Abiturienten usw. entsprechen.

Der Grund, warum so viele Prüflinge vor einer mündlichen Prüfung zittern, liegt genau in diesem Punkt. In aller Regel wissen die Prüflinge, was von ihnen erwartet wird, aber sie wissen auch, dass sie während ihrer Ausbildungszeit ungenügend auf das Anforderungsprofil der mündlichen Prüfung vorbereitet wurden. Während der Ausbildung haben sie ein gutes Fachwissen vermittelt bekommen, doch die Entwicklung und Darstellung der Persönlichkeit blieb meist dem Zufall und dem Einzelnen überlassen. Dieses Buch hilft Ihnen diese Herausforderung erfolgreich zu meistern. Probieren Sie alle Ratschläge und Empfehlungen aus und Sie werden erfolgreich sein!

2. Die Psychologie des fremden Raumes

"Bei dem Gedanken, zu dem Prüfungsort zu fahren, bekam ich schon weiche Knie!", äußerte Harald Krüger, wenn er an seine mündliche Prüfung zum Industriekaufmann zurückdenkt.

Herr Krüger macht von seiner Erscheinung her keinen ängstlichen Eindruck. Er ist fast zwei Meter groß, hat breite Schultern und hat eine sympathisch, ansprechende Art. Was ließ nun diesen kräftigen Mann schwach werden? War es wirklich nur der Gedanke zu einem fremden Ort, dem Prüfungsort zu gelangen?

"Es gibt viele Menschen, die sich fürchten, fremde Orte aufzusuchen", äußerte ein Psychologe, der sich besonders auf Probleme in der Arbeitswelt spezialisiert hat. Er führte weiter aus: "Die äußere Erscheinung ist kein Beweis dafür, dass dieser Mensch den nötigen Mut hat, sich frei zu bewegen. Im Gegenteil, wenn die äußere Erscheinung eigentlich einen tatkräftigen Menschen vermuten lässt, dann ist das Problem, einen fremden Ort aufzusuchen, für ihn größer, als für einen Menschen, der schon von seiner Erscheinung unscheinbar und zurückhaltend wirkt, weil er selten Menschen trifft, die ihn in seinen Ängsten verstehen!"

Genau genommen hat jeder Mensch in seinem Leben schon öfters das Gefühl der Hilflosigkeit gehabt, wenn er sich das erste Mal in einer fremden Umgebung aufhalten muss. Das ist in gewisser Weise normal. Denken Sie kurz einmal an die Situation zurück, als Sie sich das letzte Mal an einem fremden Flughafen oder fremden Bahnhof befunden haben. Vielleicht verließen Sie gerade Ihr Flugzeug und befanden sich in einer riesigen Flughalle oder in einer großen Bahnhofshalle. Um Sie herum herrschte ein geschäftiges Treiben. Sie wussten zwar nicht wohin, doch die anderen dafür umso besser. Wie ein Bollwerk in einem reißenden Strom blockierten Sie das Treiben. Während Sie noch wie versteinert dastanden, um sich einen Überblick zu verschaffen, hasteten hunderte Menschen geschäftig um Sie herum, ein Stimmengewirr aus den Lautsprechern überflutete Sie.

Alle ihre Sinne waren beschäftigt, Ihr Geist war hellwach, weil Sie nun eine Entscheidung treffen mussten, denn Sie konnten nicht ewig in dieser Position verharren, Sie mussten gleich handeln! Plötzlich erkannten Sie ein Großes "i". Da muss ich hin, sagten Sie sich, dort bekomme ich sicher Auskunft, denn Sie erkannten das "i" für "Information". In der Tat die Dame war wirklich freundlich und hilfsbereit, doch sie verstand Sie nicht, weil sie nicht Ihre Sprache verstand und weil Sie sich mit Ihren paar Brocken aus einem Last-Minute-Wörterbuch nur unverständlich ausdrücken konnten.

Glücklicherweise haben bisher alle Touristen noch ihr Hotel und ihre Koffer gefunden. Nach ein paar Tagen an dem fremden Ort, dem Ferienort, waren alle Probleme überwunden. Sie kannten sich aus. Sie wussten, wo die Taxen stehen, was sie kosten, wie die fremde Währung umgerechnet wird, wann die Geschäfte geöffnet sind bzw. schließen usw. Vielleicht mögen Sie es sogar im Urlaub auf geschäftige Märkte zu gehen, dort, wo Sie niemand kennt, dort, wo alles drunter und drüber geht, um das geschäftige Treiben zu beobachten.

Fassen wir zusammen: Eine fremde Umgebung, der fremde Ort, wirkt auf jeden normalen Menschen im ersten Moment unübersichtlich und verwirrend, weil wir uns mit sehr vielen Dingen gleichzeitig auseinander setzen müssen. In dieser fremden Umgebung wirken wir deshalb anfänglich hilflos und unsicher. Niemand möchte jedoch gern als "hilflos" und "unsicher" gelten, besonders dann nicht, wenn von ihm ein sicherer Auftritt erwartet wird. Genau das war der Punkt, der Herrn Krüger schwach werden ließ, wenn er an seinen Prüfungsort dachte. Es ist die besondere Psychologie des fremden Ortes, der einige Menschen zum Schwitzen, Zittern oder ins Wanken bringen kann.

Diesen Effekt nutzt man gelegentlich bewusst zu seinem Vorteil aus. Sie kennen bestimmt den Begriff des "Heimspiels" im Sport. Eine Mannschaft spielt - sagen wir Fußball - auf einem bekannten, vertrauten Platz, der Gegner jedoch spielt vielleicht zum ersten Mal auf diesem Platz, in diesem Stadion, in dieser Stadt, in diesem Land. Obwohl alle Fußballplätze nach internationalen Normen gleich eingerichtet sind, weiß man, dass tendentiell eine Mannschaft, die auf ihrem gewohnten Territorium spielt, bessere Chancen hat, als die Mannschaft, die an einem fremden Ort spielen muss. Dieser Effekt ist unbedeutend, wenn der Gegner der bessere Spieler ist, doch oftmals kam es vor, dass eine Mannschaft den Heimatplatz geschickt zu besseren Ergebnissen ausnutzen konnte.

"Wir kennen diese Situation sehr gut!", sagte ein Werbefachmann eines großen Reiseunternehmens. "Aus diesem Grund richten wir es so ein, dass unsere Kunden von einem Reisebegleiter von Anfang bis Ende der Reise betreut werden. Wir kleiden unsere Mitarbeiter in auffällige Uniformen, damit sie weithin sichtbar sind. Unsere Kunden haben deshalb nie das Gefühl alleine zu sein. Weil wir für diesen Service bekannt sind, entscheiden sich viele Kunden mit unserem Unternehmen zu reisen, die sonst nie ihre Wohnung verlassen würden."

Umgekehrt achtet man im Geschäftsleben oder in der hohen Politik sehr sorgfältig darauf, dass beide Verhandlungspartner sich an Orten treffen, die beiden unbekannt sind, damit keine der Verhandlungspartner sich im Vorteil fühlen kann, wenn es um Treffen geht, die von großer Bedeutung für die einzelnen Teilnehmer sind. Deshalb werden oft große Hotels als Tagungsorte genutzt, selbst dann, wenn dies sehr teuer wird, einen enormen Aufwand bedeutet und vielleicht beide Vertragsparteien geeignete Firmenräume zur Verfügung hätten.

Was bedeutet dieser "Heimspieleffekt" nun für die mündliche Prüfung und wie wird man damit fertig? Der Prüfling kann es leider nicht so einrichten, dass er den Heimspieleffekt auf seiner Seite hat. Das "Heimspiel" macht der Prüfungsausschuss, der entweder in besonderen Kammerräumen tagt oder sich gewöhnlich an immer wieder den gleichen Orten einfindet. Die Gründe dafür sind ganz wirtschaftlicher Natur. Zum einem entscheidet der Preis und wichtig ist, dass der Tagungsort für alle gut zu erreichen ist.

Für den Prüfling entsteht so ein psychologischer Nachteil, der ihn unsicher werden lässt und das in einer Situation, wo er seine Sicherheit beweisen muss und soll. Im ersten Kapitel wurde schon darauf hingewiesen, dass der besondere Charakter der mündlichen Prüfung darin besteht, dass der Prüfling ein angemessenes Selbstvertrauen an den Tag legen soll, um erfolgreich zu sein. Wie soll nun eine unsicher wirkende Person nach außen Selbstvertrauen verkaufen?

Es gibt Tipps, diesen Nachteil auszuschalten. Wie? "Ich empfehle meinen Schülern vor einer mündlichen Prüfung", sagte ein Berufsschullehrer, "sich so gut es geht mit der neuen Situation auseinander zu setzen. Ich empfehle sogar: vorher den Ort, an dem die mündliche Prüfung stattfinden wird, aufzusuchen."

Schauen Sie sich einige Tage vorher die Stadt, das Gebäude und vielleicht sogar den Raum an, in dem Sie Ihre entscheidende Begegnung haben werden. Wenn Ihnen der Weg zum Prüfungsort vertraut ist, wirken Sie sicherer. Versuchen Sie es! Natürlich ist es nicht immer möglich vorher auch in den Prüfungsraum zu gelangen, jedoch schon der Weg bis vor das Gebäude wird helfen. Wenn Sie Personen kennen, die schon in den gleichen Räumlichkeiten geprüft wurden, so interviewen Sie diese Personen. Lassen Sie sich erklären, ob die Prüfer hinter einer Mauer von Tischen - wie bei Gericht - postiert sind. Wo nimmt der Prüfling seinen Platz ein? Hat der Stuhl Armlehnen? Muss der Prüfling eventuell stehen während seiner mündlichen Prüfung? Wird von dem Prüfling erwartet, dass er einen Over-head-Projektor verwendet, eine Tafel, ein Gesetzbuch oder anderes Anschauungsmaterial? All´ das sind Dinge, die vor der Prüfung ausgekundschaftet werden können und die Ihnen Sicherheit bei Ihrem ersten - und wir wollen doch hoffen, dem einzigsten - Auftritt geben werden. Der erste Eindruck, das erste Bild, das die Prüfer von Ihnen erhalten, ist bei einer guten Vorbereitung der Details, dann kein unsicherer Eindruck, sondern ein positiver Eindruck. Und weil im Allgemeinen der erste Eindruck der Beste ist, kann sich dieser Eindruck nur zu Ihren Gunsten auf das weitere Geschehen auswirken.

Nach seiner mündlichen Prüfung konnte Herr Krüger sagen: "Ich beachtete den Rat, mich über die örtlichen Gegebenheiten kundig zu machen. So erfuhr ich von den Prüflingen aus höheren Ausbildungsstufen und durch Befragung meiner Lehrer, dass der Prüfling sich auf einen Stuhl setzen musste, der keine Lehnen hatte und frei im Raum steht vor den tribünenartig angeordneten Tischen der Prüfer. Der Eingang zum Prüfungsraum war aus der Sicht der Prüfer auf der linken Seite gelegen.

Ich wußte also, dass ich nach meinem Aufruf zur Prüfung diese bestimmte Tür zu durchschreiten hätte und einige Schritte in die Mitte des Raumes gehen müsste, begleitet von den Augen aller Prüfer und mich auf diesen Stuhl ohne Lehnen setzen müsste. Also übte ich diesen Part ein. An meinem Prüfungstag ging ich zielstrebig und in einem angemessenen Tempo zu meinem Sitzplatz. Nachdem ich Platz genommen hatte, richtete ich aufnahmebereit meinen Blick auf die Prüfer.

Wenn meine Prüfer gewusst hätten, wie viel Angst ich vor dieser Situation hatte, hätten Sie meine Situation sicherlich schwer verstanden. Für mich war es ein Problem, dass ich durch mehrfaches Einüben meisterte. Das Gespräch verlief nach diesem Start glatt und problemlos. Heute denke ich mit einem Lächeln zurück und kann es kaum selbst verstehen, welches Problem der fremde Ort für mich damals war. Das innerliche Einstellen auf diese fremde Situation gab mir damals ungeheuer viel Selbstvertrauen und ich bin überzeugt, dass dies mit entscheidend zu meinem Erfolg beitrug."

3. Die Begegnung: Prüfling und Prüfer!

"'Der Angeklagte wird zum Tode verurteilt durch Erhängen an einem Strang! Das Urteil ist sofort zu vollstrecken!' so fühlte ich mich, als mein Name aufgerufen wurde und ich vor der Prüfungskommission erscheinen sollte. Der Schreck steckte mir in den Gliedern. Das Schicksal nahm seinen Lauf!", so beschrieb Thomas Berg seine Gefühle,als er in den Prüfungsraum eintreten sollte, um seine mündliche Prüfung zum Bilanzbuchhalter abzulegen.

Die ganze Handlung in einem spannenden Western zielt darauf hin, jeder weiß es, jeder erwartet es, es ist der Höhepunkt des Films! Und dann ist es so weit: Auf einer endlos erscheinenden Straße stehen sie sich gegenüber: Der Held und der Bösewicht! Wer wird schneller seine Waffe ziehen? Siegt das Gute oder das Böse? Die Zuschauer halten den Atem an, es knistert vor Spannung!

In einem Kinofilm hat diese Szene ihre Berechtigung, aber der Ablauf einer mündlichen Prüfung ist viel nüchterner und banaler. Wer sich gedanklich in dieser Weise aufheizt, wird enttäuscht werden. Es hat keinen Zweck so viel Dramatik in dieses Ereignis zu legen. Zugegeben: das mündliche Prüfungsgespräch ist kein Plauderstündchen und die Ausbildung kommt für den Prüfling zu einem Höhepunkt. Ist der Kandidat erfolgreich, so hat er alles hinter sich gebracht, verfehlt er das Ziel, so wird im jedoch eine neue Chance gegeben. Es gibt kein Gut und kein Böse in dieser Situation, weil das Prüfungsgespräch von Sachzwängen getragen ist.

"Wir tun nichts anderes, als unsere Arbeit. Wir haben eine Verantwortung gegenüber unserem Berufsstand, den wir stellvertretend ersetzen", sagte eine Prüferin, auf die Frage, wie sie sich selbst in der Prüfungssituation sehe. Weiter führte sie aus: "Alle in der Prüfungskommission gönnen es den Prüflingen, wenn sie ihre Prüfung bestehen. Wir wissen, dass alle sich sehr viel Mühe gemacht haben während ihrer Ausbildung. Wir haben wirklich kein Interesse, jemanden durchfallen zu lassen. Wir sind an die Prüfungsnormen, die in den Prüfungsordnungen verankert sind, gebunden. Das bedeutet natürlich auch, dass wir ab und zu die Pflicht ausüben müssen, jemandem klar zu machen, dass er das Prüfungsniveau noch nicht erreicht hat. Ein Prüfling sollte sich vor der Prüfung einmal in die Lage eines Prüfers gedanklich versetzen und sich fragen, worauf er achten würde, wenn er der Prüfer wäre!"

Sich in die Lage des Gegenübers zu versetzen, ist eine gute Methode, einer emotional geladenen Situation Nüchternheit zu geben. Ein Berufschullehrer berichtete: "Vor der mündlichen Prüfung lasse ich die Prüfungssituation in der Gruppe üben. Das heißt, ein oder zwei Schüler gehen nach draußen, vier oder fünf andere Schüler werden zum Prüfungsausschuss ernannt. Dann werden in Abwesenheit der Prüfungskandidaten einige Prüfungsfragen besprochen, die bei Erscheinung der Prüflinge gestellt werden sollen. Der Rest der Klasse versammelt sich in eine Ecke des Raumes als Beobachter. Dann wird der erste Kandidat hereingerufen und das Prüfungsgespräch beginnt. Wenn das Rollenspiel mit allen Kandidaten beendet ist - der Prüfungsausschuss stellt dabei jeweils die gleichen Fragen in der gleichen Reihenfolge -, dann beginnen wir mit dem Gespräch und analysieren den Verlauf.

Ich bin immer wieder überrascht, wie hart die Schüler als Prüfer mit dem Prüfling ins Gericht gehen, wenn sie in dem Gruppengespräch die Leistungen des "Prüflings" beurteilen sollen. Wenn ich als Prüfer so eingestellt wäre und so streng wäre, wie meine Schüler es sind in einer fiktiven Situation, dann würden mir die Prüflinge in einer realen Prüfungssituation Leid tun."

Aus diesen Worten kommen deutlich die ungleichen Seiten zutage. Auf der einen Seite stehen die Prüflinge. "Prüflinge orientierten sich an der Bestleistung! Die Bestleistung ist der Anspruch und das Ziel, 100 Punkte zu erreichen. Das ist gut so, denn wie könnte ein Sportler in einem Wettkampf antreten, wenn er nicht persönlich davon überzeugt wäre, das Ziel zu erreichen?", äußerte ein Berufstrainer, der in der Erwachsenenbildung tätig ist. "Auf der anderen Seite", sagte er weiter, " sind die Prüfer. Ein jeder Prüfer weiß, dass es neben dieser Bestleistung noch andere Leistungsgrade gibt, die ein Bestehen der Prüfung erlauben. Die Prüfer müssen Abstufungen vornehmen, sie haben die Aufgabe eine Leistung zu unterscheiden mit einem "Ausreichend", einem "Befriedigend", einem "Gut" oder in einem "Sehr gut".

Die berufliche Erfahrung, die Gelassenheit des Alters spielen bei ihrer Beurteilung zum Glück für den Prüfungskandidaten eine große Rolle. Die mündliche Prüfung ist kein Tauziehen, an dem am einen Ende des Strangs der Prüfling zieht und am anderen Ende die Prüfer, sondern im Grunde ziehen beide Parteien am gleichen Strang!"

Die Devise ist also nicht gegeneinander - wie in einem Cowboy-Film -, sondern miteinander. Sehen Sie in den Prüfern keine Gegner, sondern Partner. Beurteilen Sie nicht den Prüfungsausschuss, sondern überlassen Sie es Ihren Prüfern, Ihre Leistungen erfahren abzumessen.

Prüfer sind auch nur Menschen, mit Fehlern und ihren Schwächen. Prüfer sind jedoch auch Menschen, die in ihrem Beruf viel Erfahrung haben und die sich qualifiziert haben Verantwortung zu tragen. Prüfer zeichnen mit ihrem Namen auf dem Prüfungszeugnis, dass Sie das Ziel erreicht haben. Niemand aus dem Berufsstand hat das Recht, ihr Urteil anzugreifen. Ihre Arbeitgeber, die jetzigen und die künftigen, haben die Beurteilung Ihrer Leistung anzuerkennen. Das spart Ihnen später viel Überzeugungsarbeit bei neuen Arbeitgebern, denn dann geht es darum, wie Ihre Leistung bezahlt werden soll. Die Prüfer sichern Ihnen mit ihrer Unterschrift auf Ihrem Prüfungszeugnis eine angemessene Vergütung und einen qualifizierten Job. Wussten Sie, dass die meisten Prüfer ehrenamtlich tätig sind? Neben einer geringen Kostenerstattung für Fahrtkosten erhalten sie keine lohnende Vergütung. Die meisten Prüfer tun ihre Arbeit aus Interesse und Freude an ihrem Beruf und aus Interesse, den neuen Nachwuchs zu fördern.

Prüfungskandidaten und Prüfer sind keine Gegner, sondern Partner, die sich am Ende des Prüfungsgespräches erfolgreich die Hand schütteln!

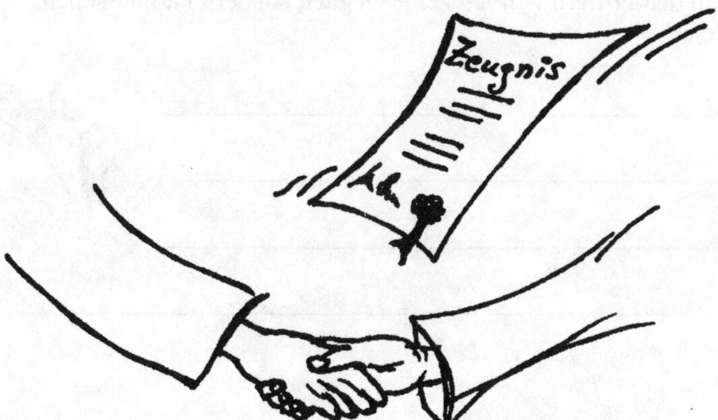

Das will ich mir merken!

1. Der besondere Charakter der mündlichen Prüfung besteht in Folgendem:

2. In einem fremden Raum kann ich sicher auftreten, wenn ich...

3. In den Prüfern will ich keine Gegner, sondern Partner sehen, weil:

B

DER PRÜFLING

4. Spiegeln Sie das Bild Ihres Berufsstandes wider?

"Und welche Eigenschaften besitzen Sie, die Sie für diesen Job prädestinieren?, fragte der Personalchef den Bewerber.

Diese unangenehme Frage wird häufig Bewerbern in einem Vorstellungsgespräch gestellt und bringt die Angesprochenen in eine schwierige Verhandlungsposition. Warum? Gegenstände zu beschreiben, Situationen erläutern, Tätigkeitsfelder zu erklären, fällt Personen, die mit diesen Dingen vertraut sind, in der Regel nicht schwer. Jedoch eine Beschreibung von sich selbst zu geben und dazu noch positive Eigenschaften anzugeben, die zu einer Arbeit passen sollen, die man noch nicht genau kennt, ist eine schwierige Aufgabe, an der die meisten scheitern.

Es gehört eine große Portion Selbstvertrauen dazu, diese Situation zu meistern, ohne das notwendige Maß der Bescheidenheit zu überschreiten. Das mündliche Prüfungsgespräch dient dazu, sich ein Bild von dem Prüfling zu machen, ob er in der Lage ist, den Anforderungen seines erstrebten Berufsbildes zu entsprechen.

Haben Sie auch schon die Formulierung benutzt: "Darüber muss ich mir erst einmal ein Bild machen!" Oder was meinten Sie, wenn Sie sagten: "Jetzt bin ich im Bilde!"? Sich ein Bild von etwas oder über etwas machen, bedeutet: Alle Fakten in einer Angelegenheit zu erfassen und richtig einzuordnen, um einen Eindruck im Gesamten wie im Detail zu erhalten.

So ist es auch bei einem buchstäblichen Gemälde. Stellen Sie sich ein Bild Ihres Lieblingsmalers vor! Was spricht Sie besonders in seinen Bildern an? Ist es die Farbkombination, das Motiv, der Strich, die gesamte Komposition? Welche Verbindung können Sie zwischen dem Bild und Ihrer Persönlichkeit herstellen? Sollten Sie gefragt werden, was Sie gerade an diesem oder jenem Bild anspricht, dann könnten Sie das sicherlich erklären.

"Was willst du denn einmal werden?", wurde der fünfjährige Jens gefragt. Jens wusste was er wollte, wenn er spontan und ohne zu zögern antwortete: "Müllautofahrer!" Das Müllauto beeindruckte den Kleinen, wenn es wöchentlich mit großem Getöse und Geratter durch die Straße fuhr. An dem Tag der Müllentsorgung saß Jens schon lange am Fenster und erwartete das Ungetüm. Wenn es außer Sicht war, blickte er dem Laster noch lange fasziniert hinterher. Jens hatte ein Bild vor Augen: sein Müllauto. Hatte er jedoch ein reales Bild vor Augen von dem Beruf eines Müllautofahrers?

In ähnlicher Weise kann es uns auch in unserem Beruf wie dem kleinen Jens ergehen. Zwei bis drei Jahre haben Sie sich in Ausbildung befunden. Die Prüfung beendet diesen Zeitraum und die Berufsausübung wird beginnen. Der Prüfling glaubt, dass er mit bestandener Prüfung in der Lage sein wird, seinen Beruf auszuüben. Technisch mag das stimmen, doch haben Sie sich schon einmal die Frage gestellt, ob Sie dem Bild Ihres Berufsstandes entsprechen und wenn ja, spiegeln Sie durch Ihre Persönlichkeit dieses Bild wider?

Der Personalchef einer Großbank sagte auf die Frage, welche Anforderungen seine Bank an die Mitarbeiter stelle: "Bei der Auswahl unserer Mitarbeiter achten wir natürlich darauf, welche Fähigkeiten durch Zeugnisse verschiedenster Art vorliegen. Das ist die eine Seite. Eine andere, die uns ganz wichtig ist, ist die Persönlichkeit des neuen Mitarbeiters. Dabei erwarten wir nicht eine perfekte Persönlichkeit, sondern es ist die Art und Weise, welche Ausstrahlung dieser Mitarbeiter hat. Der neue Mitarbeiter wird mit unseren Kunden zu tun haben. Unseren Kunden wollen wir Vertrauen und Aufgeschlossenheit entgegenbringen. Im Umgang mit Kollegen erwarten wir gute Umgangsformen und Einsatzfreude. Wir wollen einen Mitarbeiter, der sich mit seiner Arbeit identifiziert und ein positives Bild nach außen trägt. Das sind Fähigkeiten, die selten in einem Zeugnis bescheinigt werden."

In der mündlichen Prüfung wird man technische Eigenschaften in den Vordergrund stellen und wird darauf achten, ob die Fachsprache des Berufes klar und verständlich beherrscht wird. Doch bedenken Sie, dass Ihre Prüfer alle aus Ihrer Branche kommen und dort Verantwortung tragen. Es wäre nicht das erste Mal, wenn ein Prüfer einem erfolgreichen Prüfungskandidaten einen Hinweis geben würde, wo er sich erfolgreich bewerben könnte.

Prüfungskandidaten, die Eigenschaften besitzen, die man in dem Berufsstand erwartet, haben es wärend der mündlichen Prüfung einfacher. Warum? Sie wirken kompetent! Man nimmt ihnen ab, dass sie für den jeweiligen Beruf geeignet sind. Wie steht es mit Ihnen in dieser Angelegenheit?

Vielleicht streben Sie einen Beruf an, der in dem Verhaltensmuster der Ausübenden eindeutig ist. Denken wir uns die Berufe wie: Arzt, Rechtsanwalt, Psychologe, Lehrer, Architekt, Krankenschwester, Verkäufer, Handelsvertreter usw. Jeder von uns kann sich schnell ein Bild darüber machen, welche Idealpersönlichkeit zu diesen Berufen passt. Sich zu vergewissern, ob diese Eigenschaften in der eigenen Persönlichkeit verhaftet sind oder ob noch an einigen Fähigkeiten gearbeitet werden muss oder sollte, können Sie schnell durch eine Selbstprüfung feststellen.

In Berufen jedoch, die nicht eindeutig einer Branche zuzuordnen sind, ist das schon ein wenig schwieriger. Wie sollte man hier vorgehen? Was ist das richtige Bild eines Industriekaufmanns, eines Betriebswirts, einer Sekretärin, einer kaufmännichen Angestellten?

Die nicht eindeutige Zuordnung gibt Ihnen mehr Spielraum. Sie können Ihre Persönlichkeit mehr ausleben! Sollten Sie schüchtern, unsicher oder sich noch nicht im Klaren darüber sein, wie und in welcher Richtung Sie an Ihrer Persönlichkeit arbeiten sollten, so nehmen Sie sich den Stellenanzeigenteil einer Großtageszeitung zur Hand und suchen Sie sich Positionen heraus, in denen Sie gerne arbeiten möchten. Beim Lesen dieser Stellenanzeigen werden Sie schnell bemerken, dass gewisse Eigenschaften von den Bewerbern gewünscht werden. Wenn Ihnen dann das Anforderungsprofil bewusst geworden ist, versuchen Sie, die erwünschten Eigenschaften durch Ihre Persönlichkeit auszudrücken.

Die weiteren Kapitel in diesem Buch werden Ihnen noch viele Hinweise geben, wie Sie diese Aufgabe in die Tat umsetzen können, so dass Sie in Ihrer mündlichen Prüfung durch Ihre Worte und durch Ihre Ausstrahlung überzeugen.

Auszug einer aktuellen Tageszeitung von einem Tag!

Eigeninitiative.....

Einsatzbereitschaft.....

Sie sind einsatzfreudig und belastbar, aufgeschlossen und flexibel, integrativ und kooperativ.

Sicheres Auftreten....

Ausdauer...

Es bereitet Ihnen kein Problem, uns von Ihrem Erfolgswillen durch das bisherige Erreichen selbstgesteckter Ziele zu überzeugen....

Neue Konzepte entwickeln Sie gern, u... detaillierten Fachkenntnisse können Sie a... ...nderen verständlich vermitteln....

Gute schriftliche und mündliche Ausdrucksformen....

Dynamik......

Verantwortungsbewusstsein....

Der Persönlichkeit messen wir eine besondere Bedeutung bei, Partnerschaft zu den einzelnen Abteilungen ist ein wesentlicher Faktor für den Erfolg.

Verhandlungsgeschick...

Sie denken kundenorientiert und gehen manchmal das Risiko von unbürokratischen Entscheidungen ein.....

...eitschaft und Überzeugungskraft....

Teamfähigkeit...

Sie besitzen die ausgeprägte Fähigkeit, komplexe Sachverhalte schnell zu erfassen und diese eigenständig und mit gesundem Pragmatismus zu bearbeiten.....

...verfügen Sie über hohe kommunikative Kompetenz, Team- und Problemlösungsfähigkeit...

Analytisches Denken..

Sie handeln und denken innovativ und verfügen über sicheren Umgang mit....

Hohe Eigenmotiva... Kommunikations...

5. Wer bin ich? - Was will ich?

"In ihrem Alter werden Sie es nicht so leicht haben, eine Arbeitsstelle zu finden, Herr Schneider, auch wenn Sie nun mit 43 Jahren noch die Prüfung zum Industriekaufmann abgelegt haben", sagte der Berufsberater, der fast im Alter von Herrn Schneiders Sohn war.

Nur wer das Ziel kennt, trifft!

Herr Günter Schneider kannte solche Anspielungen auf sein Alter und auf seine Chancen auf dem Arbeitsmarkt, doch er ließ sich nicht aus der Ruhe bringen. Nach bestandener Prüfung war er mit unter den Ersten aus seiner Ausbildungsgruppe, die einen Arbeitsplatz nachweisen konnten. Herr Schneider arbeitete seit 20 Jahren als Werkzeugmacher in einem großen Fertigungsbetrieb. Dann bekam er gesundheitliche Probleme und entschloss sich, eine Umschulung zum Industriekaufmann zu beginnen.

"Es war für mich ungewohnt in einem Klassenzimmer zu sitzen mit Personen, die meine Kinder hätten sein können und erneut die Schulbank zu drücken", sagte Herr Schneider. "Obwohl der Arbeitsmarkt nicht rosig erschien und mir keine Hoffnungen gemacht wurden von meinem Berufsberater, habe ich mir ein eigenes Konzept vorgelegt, nach dem ich vorgehen wollte. Ich sagte mir, dass ich mit meiner Lehre als Werkzeugmacher, meiner langjährigen Berufserfahrung und nun mit meiner zusätzlichen kaufmännischen Ausbildung einen Job finden müsste. Neben meinem Umschulungslehrgang belegte ich Computerkurse und spezialisierte mich auf die Fertigungsvorbereitung mit computergesteuerten Maschinen. Nach Beendigung der Lehrgänge und meiner Prüfung dauerte es nicht lange, bis ich einen Arbeitgeber überzeugen konnte, dass ich kein 'Neuling' auf meinem Gebiet war, sondern dass ich mich weiterentwickelt hatte und nun kompetende Arbeit leisten könne als kaufmännischer Mitarbeiter, weil mir die Fertigung von der Pike auf vertraut war."

Nach der bestandenen mündlichen Prüfung äußerte einer der Prüfer über Herrn Schneider: "Herr Schneider machte seine Sache in der mündlichen Prüfung gut. Was mir besonders an ihm gefiel war, dass man merkte, dass er wusste, was er wollte. Zielstrebig und sicher ging er die Fragen an. Als ich ihn beobachtete, dachte ich mir, dass dieser Mann bestimmt ein wertvoller Mitarbeiter für seinen Arbeitgeber sein könnte, und mir fiel auf, dass es in unserem Betrieb wenige Personen gab, die eine solche überzeugende Ausstrahlung besitzen."

Was war nun Herrn Schneiders Geheimnis für seinen Erfolg? Waren es lediglich seine guten fachlichen Kenntnisse, die er in seinen Lehrgängen erworben hatte? Das war es sicherlich nicht allein, denn es gibt viele Personen, die gute und beste Ergebnisse nachweisen können, aber der Erfolg bleibt aus. Das Erfolgsrezept von Herrn Schneider ist schnell auf eine Formel gebracht: Herr Schneider wusste, wer er war, was er konnte und was er wollte! Herr Schneider arbeitete nach einem Konzept, er hatte ein Ziel, ein realistisches Ziel, er verfolgte dieses Ziel, er arbeitete darauf hin, dieses Ziel zu erreichen und ließ sich nicht durch fremde Meinungen beeinflussen.

Eine Journalistin, deren Aufgabe es war, erfolgreiche Persönlichkeiten aus Sport, Politik, Wirtschaft und Showbusiness zu interviewen, sagte: "Es war für mich immer wieder erstaunlich, zu hören, wie meine Gesprächspartner zu ihrem Erfolg kamen. Wie Kometen scheinen erfolgreiche Menschen am Völkerhimmel aufzusteigen. Ich fand nichts Ungewöhnliches an erfolgreichen Menschen. Doch eines hatten sie alle gemeinsam, sie hatten eine Idee, ein Ziel, das sie verfolgten. Der Weg zum Erfolg verläuft nicht geradlinig. Oft sind große Widerstände zu überwinden und Rückschläge zu verkraften, doch erfolgreiche Menschen wissen, was sie wollen und das strahlen sie aus. Ich traf vorwiegend gefestigte Persönlichkeiten, die oft sehr bescheiden waren und eine große Liebenswürdigkeit ausstrahlten. Erfolg liegt offensichtlich nicht in der Luft, sondern in der Person."

Fassen wir zusammen: Erfolgreiche Menschen arbeiten zielstrebig, erfolgreiche Menschen arbeiten konzeptionell, erfolgreiche Menschen haben eine Persönlichkeit, die überzeugt.

Nun mögen Sie sich sagen: "Ich habe doch mein Ziel: Mein Ziel ist es, die Prüfung zu schaffen und einen guten Job zu bekommen!"

Fragen Sie Ihre Freunde und Bekannten, welche Ziele sie haben. Ziele haben die meisten, ja: alle! Darauf kommt es nicht nur an. Da heißt es: Ich will Millionär sein, ich hätte gern ein eigenes Haus, ich könnte einen Lottogewinn gebrauchen! - Wer möchte das eigentlich nicht und wer könnte dies oder jenes nicht gebrauchen?

Die Ziele sind es nicht allein. Erfolgreiche Menschen **arbeiten zielstrebig!** Das heißt: erfolgreiche Menschen planen ihren Weg zum Ziel, sie arbeiten konzeptionell, das bedeutet, sie suchen nach Wegen zu diesem Ziel, indem sie sich den ganzen Weg in Teilstrecken aufteilen, so wie ein Staffellauf sich ebenfalls in kurze Teilstrecken aufteilt und von jedem einzelnen Läufer erfolgreich bewältigt wird. Die einzelnen Teilerfolge führen dann unweigerlich zu einem Gesamterfolg. Der Gesamterfolg ist die Summe der einzelnen Teilerfolge. Der Gesamterfolg wirkt auf den Außenstehenden übermächtig, unerreichbar und phänomenal. Für den Erfolgreichen, der sein Fernziel im Auge behält, siegreich jedoch Teilstrecke für Teilstrecke bewältigt, ergibt sich der Gesamterfolg aus einem dynamischen Prozess.

Wenn ein Bergsteiger auf dem Ansturm zum Gipfel schon 3000 Meter Höhe hinter sich gebracht hat, dann wird er auch noch die 150 Meter vor ihm schaffen und wenn die Luft noch so dünn ist. Der Tourist, der im Tal steht und mit dem Fernstecher das Gipfelkreuz sucht und dabei auf ein Stück Steilwand trifft, wird die geplante Bergtour abblasen und sich lieber ins Thermalbad legen.

Erkennen Sie allmählich den Weg des Erfolgreichen? Man kann sich nicht einfach mal vornehmen eine Prüfung zu machen, einen Job zu bekommen, auf der Karriereleiter ganz oben stehen, ohne konzeptionell zu denken und zu handeln.

Denken Sie noch einmal an Herrn Schneider und fragen Sie sich: "Wer bin ich?" und sagen Sie sich: "So mach ich´s!"

Viele Tipps und Tricks, wie man Teilstrecken erfolgreich bewältigt, finden Sie in den folgenden Kapiteln!

> "Eine der gefährlichsten Formen menschlichen Versagens ist es, nicht mehr zu wissen, was man will."
>
> Paul Nitze

Steckbrief meines angestrebten Berufs!

Gewünschte Eigenschaften und Fertigkeiten!	Eigenschaften und Fertigkeiten, die ich besitze!

6. Die persönliche Erscheinung!

"Ich traute meinen Augen nicht, als die Bewerberin sich in einem Spaghetti-Träger-Mini-Kleidchen in mein Arbeitszimmer begab! Ich führe eine Rechtsanwaltskanzlei, doch kein Bordell!, dachte Dr. Kranz, Inhaber einer renommierten Anwaltskanzlei, auf der Suche nach einer Vorzimmerdame und Sekretärin, die seine "rechte Hand" werden sollte.

Dieses Vorstellungsgespräch war wahrscheinlich schnell zu Ende. Dabei hätte Fräulein Dr. Iris Müller gute Voraussetzungen gehabt, die Stelle zu bekommen, denn sie konnte Prädikatsexamina nachweisen, sprach zwei Sprachen, Englisch und Französisch, fließend und war in Wort und Schrift sicher.

Diesen Arbeitsplatz hatte sie jedoch in den Sand gesetzt, nur weil sie sich beim Griff in ihren Kleiderschrank vertan hatte. Dabei hatte sie mit ihrem Kleidchen im letzten Urlaub in San Tropez viel Erfolg, denn über Kontaktschwierigkeiten konnte sie nicht klagen.

Kleider machen Leute, das ist eine alte Weisheit und auch heute achten viele Menschen auf ihr Outfit und das der anderen.

Hunderttausende Menschen arbeiten in der Bekleidungsindustrie, kreieren Duftwässerchen, beschäftigen sich mit Farben- und Harmonielehre, bevor sie sicher sind, welcher Futterstoff in welchen Sakko passt, welches Halstuch zu welchem Lidschatten passt usw.

Die Frage ist, sollte man bei seiner mündlichen Prüfung Wert auf sein Äußeres legen? Ist der Prüfungserfolg dadurch beeinflussbar?

Würden Prüfer auf diese Frage angesprochen, so würden sie alle behaupten, dass das Outfit des Prüflings nicht von Belang sei, was den Prüfungserfolg angehe, denn sie geben sich den Anstrich von absoluter Objektivität. Diese Aussage mag - subjektiv betrachtet - richtig sein. Objektive Untersuchungen zeigten jedoch, dass Prüfer beeinflussbar sind. Dies wirkte sich zwar nicht im Unterschied auf das Notenergebnis einer ganzen Note aus. Doch es zeigte, dass sie beeinflussbar waren, obwohl alle behaupteten, es nicht zu sein.

Das Bestehen oder Nichtbestehen einer mündlichen Prüfung hängt wirklich nicht von dem Outfit des Prüflings ab. Das Erwerben einer Arbeitsstelle kann jedoch entscheidend davon abhängen.

Bei dieser Betrachtung hier im Buch kommt es auch nicht in erster Linie darauf an, ob ein Prüfling durch seine äußere Erscheinung den Prüfungserfolg entscheidend beeinflussen kann oder nicht.

Die vorherigen Kapitel stellten klar heraus, dass die Persönlichkeit des Prüflings insgesamt den Prüfungserfolg beeinflusst. Ein Teil der Persönlichkeit eines Menschen ist nun mal auch die persönliche Erscheinung und so gesehen spielt das Outfit dann doch eine gewisse Rolle.

Ein Mensch zeigt durch sein Äußeres sein Inneres. Umgekehrt, könnte man durch eine Vernachlässigung seiner äußeren Erscheinung den Betrachter zu falschen Schlussfolgerungen führen. Dies wäre in einem mündlichen Prüfungsgespräch unangebracht, irritierend und vielleicht ablenkend, weil dadurch positive Aspekte der Leistung des Prüflings untergehen könnten. Immerhin beurteilen die Prüfer sofort nach der Prüfungssituation, ob die Leistung ausreichte oder nicht. Vergessen wir nicht, dass ihr Urteil nicht so leicht anzutasten ist.

Wie sollte man sich zu einer mündlichen Prüfung kleiden? Mit einem Wort: angebracht! Was das im Einzelnen heißt, hängt von dem Image des Berufsstandes ab. Während der Ausbildung hat ein jeder Prüfling mit dem Image seines Berufsstandes Erfahrungen sammeln können; gute und auch schlechte.

Eine Prüfungssituation ist nicht dazu geeignet neue Aspekte zu setzen oder sich über Gegebenheiten hinwegzusetzen. Extreme sollten in jedem Fall vermieden werden. Wenn die Kleidung positive Eigenschaften - wie:

Dynamik, Selbstbewusstsein, Freundlichkeit - unterstreicht oder man aufgrund der äußeren Erscheinung auf positive Eigenschaften schließen kann, dann kann das in einer mündlichen Prüfungssituation nur von Vorteil sein.

Derjenige, der unsicher ist, sollte sich als Mann einmal in einem guten Fachgeschäft eine Krawatte zu einem bestimmten Jacket aussuchen lassen und darauf achten, welche Akzente eine Fachverkäuferin beachtet. Er wird überrascht sein und merken, wie andere ihn sehen oder sehen wollen.

Frauen haben eine Menge Möglichkeiten, sich in dieser Hinsicht Rat zu holen, auch haben sie mehr Möglichkeiten der Variation. In der größeren Auswahl ist aber auch die Gefahr eines Fehlgriffs größer.

Sollte man für seine mündliche Prüfung im Zweifel sein, was angebracht ist oder nicht, ist der Prüfling in aller Regel gut beraten, wenn er eher etwas zurücksteckt, das heißt, etwas konservativer ist. Der Gesamteindruck sollte stimmen.

Untersuchungen zeigen, dass die meisten Menschen sich in den Ersten vier Sekunden ein Bild von einer anderen Person machen, wenn sie ihr das erste Mal begegnen. Dieses Bild schließt nicht nur die äußere Erscheinung ein, sondern auch Eigenschaften, die diese andere Person hat. Von diesem ersten Eindruck wird nur zögerlich abgewichen. Obwohl noch kein Wort gesprochen wurde, liegt das Urteil schon fest. Diese Tatsache zeigt, dass der erste Eindruck ein positives Bild von Ihrer Persönlichkeit widerspiegeln soll und Ihre persönliche Erscheinung kann Sie in dieser Hinsicht unterstützen.

"Ein gewinnendes Lächeln ist das passende Accessoire für jede Kleidung."

Antworten, die es in sich haben!

1. Ich spiegele das Bild meines Berufsstandes wider, weil ich mit meiner Persönlichkeit...

2. Ich weiß was ich will, darum werde ich mir für meine Prüfung vornehmen:

3. Bei meiner persönlichen Erscheinung will ich achten auf......

7. Den eigenen Rhythmus finden!

"Ich konnte nie verstehen, wie man kurz nach dem Aufwachen ein Liedchen trällernd das Bad aufsucht und dann energiegeladen zurückkehrt, um dann schon am Frühstückstisch eine hochgeistige Konversation zu beginnen", sagte ein Morgenmuffel über einen seiner Mitbewohner.

"Morgenmuffel sind keine fauleren Menschen", sagte eine Arbeitspsychologin. "Es sind Menschen", erklärte sie weiter, "die ihre Arbeit genauso gründlich und zuverlässig erledigen wie andere. Morgenmuffel haben lediglich einen anderen Biorhythmus."

Kennen Sie dieses Gefühl, wenn Sie etwas tun wollen gegen den natürlichen Rhythmus Ihres eigenen Körpers? "Wenn ich gegen mich selbst ankämpfe, dann benötige ich das Zehnfache an Kraft und Zeit, um den gleichen Erfolg zu erzielen, den ich hätte, wenn ich gut drauf wäre", sagte eine Medizinstudentin.

Das stimmt, das kennt jeder: Ein Tag ist nicht wie der andere. Es gibt Tage, da geht uns die Arbeit leicht von der Hand und dann gibt es Tage, an denen man einfach nicht so richtig in die Gänge kommen will.

Die Erfahrung, die schon jeder Mensch oftmals in seinem Leben gemacht und durchlebt hat, lässt sich auch auf die geistige Arbeit übertragen und somit auch auf eine mündliche Prüfungssituation.

Wenn man bei allen guten Ratschlägen für die mündliche Prüfung - oder einem anderen Test - versucht, gegen die eigene Natur anzugehen, so vergeudet man unnötige Energie und der Erfolg ist mäßig.

Bei Ihrer Prüfung wollen Sie jedoch den optimalen Erfolg erzielen und deshalb ist der Rat angezeigt: Finden Sie bitte Ihren eigenen Rhythmus heraus!

Die schon erwähnten und noch folgenden Ratschläge, wie man seinen Erfolg in einer mündlichen Prüfungssituation optimieren kann, sind nichts weiter als eine billige Imitation, wenn Sie sich diese Tipps nicht zu Eigen machten und nicht individuell umsetzen würden.

Ein Imitator bringt seine Zuschauer zum Lachen, indem er Verhaltensweisen von anderen Personen fast perfekt nachäfft. Von einem Kasper erwartet man nichts anderes. Würden Sie versuchen, andere Personen nachzuahmen, weil Ihnen diese Persönlichkeiten als Vorbild gefallen, so würden Sie selbst jedoch nicht zu dieser Persönlichkeit werden, selbst wenn Sie fast perfekt wären, denn eine Imitation bleibt eine Imitation und eine Imitation - wenn auch hübsch gemacht - hat einen geringen Wert, verglichen mit dem Original.

Ratschläge annehmen, Vorschläge anwenden, um sich zu verbessern, das ist eine gute Sache, um weiterzukommen. Doch bleiben Sie wer sie sind! Es gibt keinen Grund, dass Sie Ihre Persönlichkeit verbergen, doch es gibt viele Gründe, sie zu verbessern.

Haben Sie eine direkte Art? Dann bleiben Sie direkt, das schadet in einem Prüfungsgespräch nicht. Sind Sie schüchtern? Verlegenheit und Schüchternheit schadet ebenfalls nicht, wenn diese Eigenschaft ein Merkmal Ihrer Persönlichkeit ist. Sie werden Ihre Schüchternheit ohnehin nicht ganz ausmerzen können, doch Sie können mit oder trotz Ihrer Schüchternheit eine gute mündliche Prüfung ablegen, wenn Sie gewisse Verhaltensmuster beherrschen.

Den eigenen Rhythmus finden heißt: Der sein, der man ist. So sein, wie man ist.

Zeigen Sie durch Ihre persönliche Art, dass man Ihnen abnehmen kann, dass Sie eine gute Tanzlehrerin, ein guter Taxifahrer, Koch, eine gute Haushälterin, Bürokauffrau oder die Persönlichkeit sind, die Sie durch die Ablegung Ihrer Prüfung sein wollen. Finden Sie Ihren eigenen Rhythmus!

8. Das richtige Denk-"strick"-muster wählen!

"Wenn ich von einem Ausbilder direkt angesprochen werde und eine Sache erklären soll oder eine Frage beantworten soll, dann verheddere ich mich jedes Mal. Obwohl ich die Antwort weiß, bekomme ich die Sache nicht auf die Reihe. Das macht mich ganz nervös!", berichtete eine Laborantin über ihre Ausbildung und ihre Erfahrung in der Berufsschule.

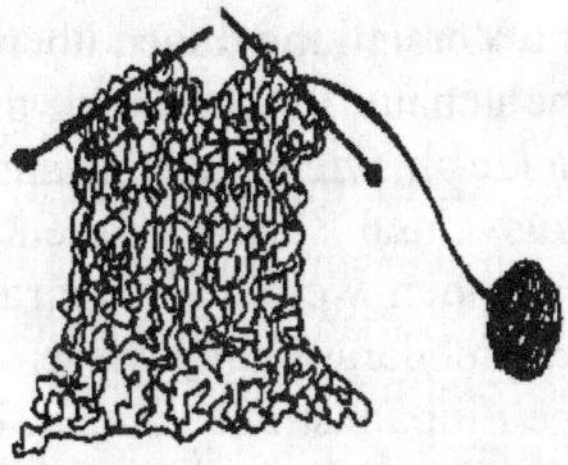

Diese Erfahrung ist nicht neu. Vielen Personen geht das so. Warum? Wenn eine Person direkt angesprochen wird, dann laufen viele Prozesse im Kopf gleichzeitig ab. Nehmen wir ein Beispiel aus einem anderen Bereich.

Angenommen Sie sind auf dem Weg, um etwas einzukaufen. Plötzlich bemerken Sie, dass ein Auto neben Ihnen am Straßenrand anhält, der Fahrer lässt die Scheibe herunter und bittet Sie um Auskunft, wie er zu einer bestimmten Straße gelangen kann. Diese Situation haben wir alle schon einmal erlebt, nicht wahr? Erinnern Sie sich. Wie sah Ihre Wegbeschreibung aus?

Konnten Sie auf Anhieb eine genaue Wegbeschreibung liefern? Wie etwa: "Sie befinden sich hier im Stadtteil soundso. Die Straße, die Sie suchen, liegt jedoch im Stadtteil soundso. Die Straße, die Sie benutzen, führt zu diesem Stadtteil. Folgen Sie bitte dieser Straße. Sobald Sie über eine große Brücke gefahren sind, biegen Sie die nächste Querstraße rechts ab. Bei der nächsten Ampel fahren Sie bitte links ab. Dann ist die dritte Querstraße auf der rechten Seite schon die Straße, die Sie suchen. Es handelt sich jedoch bei dieser Straße um eine Einbahnstraße, deshalb müssen Sie noch ein Stück weiterfahren und können erst in die vierte Querstraße einbiegen, um dann von der anderen Seite in die gewünschte Straße zu gelangen. Zu allererst fahren Sie jedoch ein gutes Stück geradeaus. Wenn Sie auf der rechten Seite ein auffällig gelb angestrichenes Gebäude sehen, dann ist es nicht mehr weit, bis Sie zu der erwähnten Brücke kommen, hinter der Sie dann rechts abfahren müssen!"

Wenn Sie selbst einmal nach dem Weg gefragt haben, dann haben Sie wahrscheinlich nur dann eine exakte und richtige Beschreibung erhalten, wenn Sie zufällig an einen Taxifahrer oder Busfahrer gelangten.

Was läuft nun im Detail in Ihrem Kopf ab, wenn Sie nach dem Weg gefragt werden? Erstens: Sie müssen sich orientieren. Sie müssen im Großen eine Vorstellung haben über die Richtung, bevor Sie dann dem Fragesteller eine genaue Beschreibung geben. Vielleicht geben Sie noch Orientierungspunkte an, wie in dem genannten Beispiel die erwähnte Brücke und das gelbe Haus einen solchen Orientierungspunkt darstellten. Wenn Sie sich gut auskennen, weisen Sie noch auf ein Sonderproblem hin, wie in dem genannten Beispiel darauf hingewiesen wurde, dass es sich bei der gesuchten Straße um eine Einbahnstraße handelt. Doch hätten Sie diesen Umstand nicht erwähnt, hätte der Fahrer sicherlich den Weg auch gefunden, wenn alle anderen Angaben exakt gewesen wären.

Wie fühlten Sie sich, wenn Sie sich nach einer Wegbeschreibung richteten und stellten fest, dass es auf dem Weg nicht nur eine Ampel, sondern drei Ampeln gab, dass Sie zwar eine Brücke gefunden haben, doch dass es eine ganz andere war, als die gesuchte und schließlich stimmte die Anzahl der Querstraßen nicht? Ihr Ziel fanden Sie nur deshalb, weil Sie noch zweimal andere Personen um Hilfe bitten mussten.

Übertragen wir nun dieses Beispiel auf unser Prüfungsgespräch. In der Prüfung werden Sie befragt, in der Prüfung sollen Sie bestimmte Sachverhalte schildern, Entscheidungen treffen oder ein Problem aufzeigen. Um eine gute Antwort geben zu können, ist es ratsam, nach einem bestimmten Denkmuster vorzugehen. Kommen wir auf unser Anfangsbeispiel nochmals zurück. Wenn ein Ortsfremder nach dem Weg fragen würde, nach einer bestimmten Straße und Sie würden ihm zu allererst sagen, dass es sich bei dieser Straße um eine Einbahnstraße handelt, dann wäre diese Information zwar richtig, aber hätte für den Fragesteller im Moment wenig Wert, weil ihn zunächst interessiert, wie er zu dieser Straße gelangen kann. Zu erwähnen, dass es sich bei der gesuchten Straße um eine Einbahnstraße handelt, hat in der Wegbeschreibung eine Berechtigung und ist an der richtigen Stelle geäußert, auch ein wichtiger Beitrag für den Wegsuchenden.

Prüfer machen immer wieder die Erfahrung, dass Prüflinge auf gestellte Fragen Dinge äußern, die zwar nicht falsch sind, die jedoch an der Sache und an der Fragestellung vorbeigehen. Wenn dann Prüfer nachfragen, um dem Prüfling auf den richtigen Weg zu helfen, wird die Situation oft noch undurchsichtiger und verworrener.

Beim Antworten sollte also nicht darauflos geantwortet werden. Denken Sie an den Autofahrer, der den richtigen Weg wissen will. Zuerst ist es für ihn hilfreich, wenn er weiß, wo er sich im Moment befindet und wo sich der gewünschte Zielort befindet. Er will also zuerst wissen: Bin ich auf dem richtigen Weg? Ist es noch weit zu meinem Ziel? Wo bin ich falsch gefahren und wie kam es, dass ich nun hier an der falschen Stelle bin?

An zweiter Stelle will er dann Informationen aufnehmen, die ihm den Weg finden lassen. Dabei will er markante Punkte genannt bekommen, die ihm weiterhelfen. Zu ausführliche Details verwirren und lenken vom Thema ab. Stellen Sie sich vor, ein Passant würde unserem Autofahrer sagen: "Fahren Sie die Straße weiter geradeaus, wenn Sie an der Häuserstraße rechts an der sechzehnten Haustür vorbeigekommen sind und links an zwei Litfaß-Säulen und vierundzwanzig Parkplätzen, dann......." usw.

Diese Auskünfte mögen alle richtig sein, doch sie lenken ab und behindern mehr als sie nützen. Das richtige Denkmuster beim Anworten in einem Prüfungsgespräch muss klar und einfach sein, denn in der Prüfungshektik verwirren komplizierte Ratschläge.

Zu empfehlen ist Folgendes: **Antworten Sie im Dreiertakt!** Das bedeutet: Trainieren Sie in der Vorbereitung auf die mündliche Prüfung wie folgt zu antworten:

1. Sagen Sie etwas Allgemeines zu dem Hauptpunkt, auf den die Frage zielt.

2. Nennen Sie in Ihrer Antwort Fachvokabeln, die zu diesem Hauptpunkt passen.

3. Nennen Sie ein einfaches Beispiel, wenn es zur Frage passt.

Im Dreiertakt zu antworten, hat mehrere Vorteile für Sie. Wenn Sie nämlich zuerst etwas Allgemeines zur Sache sagen, geben Sie den Prüfern zu verstehen, dass Sie den Kern der Frage verstanden haben. Sind mehrere Hauptpunkte in der Frage enthalten, so signalisieren Sie, welchen Punkt Sie in Ihrer Antwort ansteuern werden. Während Sie mit einem allgemeinen Satz beginnen, haben Sie noch etwas Zeit, die nötigen Fachvokabeln auszuwählen und zu sortieren, um dann eine detaillierte Antwort zu geben. Beim Antworten sollten Sie nur kurze und knappe Sätze benutzen. Der erste Satz sollte also allgemein gehalten sein und zum Thema hinführen. Die weiteren Sätze bringen dann die Details ins Spiel.

Nehmen wir ein Beispiel aus dem Gebiet des Steuerrechts, um den Gedanken zu verdeutlichen. Angenommen ein Prüfling würde gefragt werden in der mündlichen Prüfung zum Steuerfachangestellten: "Würden Sie bitte erläutern, was unter dem steuerlichen Wohnsitz zu verstehen ist!" Die Antwort im Dreiertakt könnte nun so aussehen:

1. "Der steuerliche Wohnsitz wird in der Abgabenordnung geregelt, es handelt sich um eine Legaldefinition."
2. "Wohnsitz ist demnach..............."usw.
3. Als Beispiel könnte man Folgendes anführen: ....

Die Antworten sind nicht ausformuliert, weil das Muster sonst nur für den steuerlich bewanderten Leser verständlich wäre. Das Beispiel zeigt schon, was gemeint ist, und Sie können nun in ähnlicher Weise trainieren, in Ihrem Fachgebiet Ihre Antworten nach dem gleichen Muster aufzubauen.

Schauen wir uns die genannten Schritte noch einmal näher an. Beim Punkt 1, im ersten Schritt, könnte man also - wie das Beispiel zeigt - erst einmal nennen, wo der Hauptpunkt der Frage geregelt ist, d.h. die Gesetzesgrundlage wird genannt. Das ist jedoch nicht zwingend. Es hätte auch etwas zur Wertigkeit gesagt werden können, d.h. in Bezug auf unser Beispiel hätte angeführt werden können, wann der steuerliche Wohnsitz eine Rolle spielt und für wen. Im zweiten Schritt sollte dann Fachwissen kurz und knapp aufgezeigt werden. Denken Sie daran: für jede richtig genannte Fachvokabel gibt es Punkte und der Prüfer erkennt, dass sich der Prüfling auskennt. Im dritten Schritt ist nun ein praktisches und treffendes Beispiel angezeigt. Ein treffendes Beispiel zeigt den Prüfern, dass der Prüfling mit der Praxis vertraut ist und sein Fachwissen anzuwenden versteht. Doch bitte nennen Sie nur kurze, treffende und typische Beispiele. Ein Beispiel, das einen Ausnahmetatbestand widerspiegelt, sollte vermieden werden, weil zu viele Worte gemacht werden müssen, um allen Beteiligten klar zu machen, dass das Beispiel passt. Einfach, klar und treffend ist hier die Devise.

9. Der Augenkontakt

"Ihre Augen verkündeten der ganzen Welt, dass sie bestanden hatte!", sagte eine Mutter, die ihre Tochter sah, als sie von der mündlichen Abiturprüfung zurückkehrte.

"Seine Augen waren starr auf einen Punkt gerichtet und er blickte durch mich hindurch als er sprach." So schilderte eine Prüferin das Verhalten eines Prüflings während seiner mündlichen Prüfung. Die Augen gehören zu den entscheidenden Organen, die die Persönlichkeit eines Menschen widerspiegeln.

In unserem täglichen Wortgebrauch lässt sich dies leicht ausmachen. Wir sprechen von den "glänzenden und strahlenden Augen", dem "verschmitzten Blick", von den "traurigen Augen" oder den "ausdruckslosen Augen". Augen können fragen, sie können lachen und weinen. Augen können auch glotzen, verachten, herausfordern, vernichten oder ausweichen.

Es sind nur kleine, ja winzige Reflexe, doch wir nehmen sie bei unserem Gesprächspartnern wahr und schließen auf ihren Gemütszustand oder auf ihre Eigenschaften. Die Augen kann man schlecht trainieren und wenn es jemand versuchte, würde es lächerlich wirken, weil die Augen dem Gegenüber schnell unsere Absichten verraten würden.

Jemanden in die Augen schauen zu können, heißt, jemanden Vertrauen entgegenzubringen.

In einem natürlichen Gespräch schaut man einander an, indem von Zeit zu Zeit der Augenkontakt für einen Bruchteil einer Sekunde hergestellt wird. Dadurch entsteht eine Beziehung, denn die Augen dringen in die Seele des Gesprächpartners.

Ängstliche Personen fürchten sich, dem Blick eines Chefs, eines Prüfers, eines Polizisten, eines Lehrers oder einer anderen Autoritätsperson standzuhalten.

In dem Prüfungsgespräch sollten Sie sich so natürlich wie nur möglich geben und dazu gehört es auch, dass Sie Ihre Prüfer anschauen und ihnen in die Augen schauen. Aber bitte stieren Sie nicht ununterbrochen in die Augen ihrer Prüfer oder schauen Sie nicht während des ganzen Prüfungsgespräches an die Decke oder auf den Fußboden oder in eine Ecke des Raumes. Es gibt Personen, die nicht wissen, wo sie während eines Prüfungsgespräches hinschauen sollen oder wie sie sich verhalten sollten.

Wenn Sie vor Ihrer Prüfungskommission erscheinen, dann wird zu Beginn des Gespräches genügend Zeit sein, dass Sie sich Ihre Prüfer betrachten. Schauen Sie freundlich Ihre Prüfer und Prüferinnen an, indem Sie Ihren Blick flüchtig über ihre Gesichter streifen lassen.

Während des Gespräches widmen Sie sich dem Prüfer, der die Frage an Sie richtet. Beim Antworten schauen Sie ihn nicht ständig ins Gesicht, sondern lösen Sie von Zeit zu Zeit Ihren Blick, schauen Sie auch einmal zu den anderen, denn Sie können auf den Gesichtern der unbeteiligten Prüfer oft schon Zustimmung oder Bedenken ablesen und das ist ein guter Barometer für Sie, zu wissen, ob Sie mit Ihrer Antwort richtig liegen oder nicht. Doch bitte schauen Sie nicht Hilfe suchend zu ihnen, sondern nehmen Sie lediglich ihre Reaktionen wahr. Sollten Sie jedoch keinerlei Reaktionen wahrnehmen können, so lassen Sie sich nicht aus der Ruhe bringen. In aller Regel wird man Ihnen jedoch mit wohlwollenden Blicken, Kopfnicken oder anderen Gesten zur nötigen Sicherheit verhelfen wollen.

Ihren unmittelbaren Gesprächspartner, also dem Fragesteller, schauen Sie nicht direkt in die Augen oder wenn es sich nicht vermeiden lässt, dann nur kurz, denn das würde Sie nervös machen. Schauen Sie ihm zwischen die Augen. Wenn Sie Ihren Blick auf die Nasenwurzel richten, dann wird Ihr Gesprächspartner das Gefühl haben, dass Sie ihn anschauen, ohne aufdringlich zu wirken.

Ob Sie Ihr Gegenüber in einer richtigen und natürlichen Art anschauen, können Sie vor der Prüfung bei Freunden und Bekannten oder Arbeitskollegen testen. Wenn Sie einmal darauf achten, wie sich andere verhalten, wird Ihnen auffallen, dass es viele Personen gibt, die den Blickkontakt während eines Gespräches vermeiden, aber Sie werden auch feststellen können, dass es angenehm ist und den Fluss eines Gespräches beflügelt, wenn Augenkontakt besteht.

Ein Prüfling, der weiß, was er will und überzeugen möchte, wird den Blicken seiner Prüfer standhalten können und wird durch einen natürlichen Blickkontakt seine persönliche Überzeugungskraft erhöhen.

* * *

Fassen wir die letzten sechs Kapitel noch einmal kurz zusammen: Diese Kapitel beschäftigten sich mit dem Prüfling, das heißt mit seiner Persönlichkeit. Zuerst wurde die Frage gestellt, ob Sie sich mit dem Berufsstand identifizieren können. Sind Sie die Persönlichkeit, die man erwartet? Selbst wenn Sie beabsichtigen, nicht in dem Berufsfeld zu arbeiten, für dass Sie Ihre Prüfung ablegen, sollten Sie darüber nachdenken, ob Sie für den Moment der mündlichen Prüfung doch ein Bild abgeben können, das glaubhaft macht, dass Sie dem Berufsstand entsprechen können. Ihre Prüfer werden es Ihnen "ansehen", ob dem so ist.

Es folgte dann die Betrachtung und Überprüfung der eigenen Persönlichkeit. Was ich bin und was ich will, das sind persönliche Fragen, doch ein Mensch, der ein klares Ziel vor Augen hat, wirkt anders, als derjenige, der unentschlossen ist und nicht weiß, welchen Weg er einschlagen soll. Eine mündliche Prüfung ist ein Stück Überzeugungsarbeit. Überzeugen kann man nur mit einer glasklaren Vorstellung im Kopf!

Die persönliche Erscheinung drückt den Menschen als Individuum in seiner Persönlichkeit nach außen aus. Es kann einem gefallen oder nicht, aber unsere Mitmenschen machen sich ein Bild von der Persönlichkeit eines Menschen aufgrund seiner äußerlichen Erscheinung, besonders dann, wenn sie ihm das erste Mal begegnen. Erzeugen Sie also keinen Widerspruch durch Ihr Äußeres zu Ihrem Inneren. Ihr Prüfungsziel und Ihre äußere Erscheinung sollte übereinstimmen.

Ein jeder Mensch unterscheidet sich von dem Anderen. Alle Menschen haben eine individuelle Natur. Das macht den Umgang mit Menschen interessant. Ein Prüfling kann und muss seinen eigenen Rhythmus finden. Doch dieser Rhythmus muss sich einbinden lassen in Erwartungen, die man mit Recht an den Prüfling stellen kann. Der eigene Rhythmus darf nicht befremden, darf aber die eigene Persönlichkeit unterstützen.

Ein Prüfungsgespräch ist die verbale Auseinandersetzung mit seinen Prüfern. Die eigenen Gedanken in ein logisches und aufeinander aufbauendes Antwortmuster zu packen, fällt den meisten Prüflingen schwer. Ein streng logischer Sachzwang scheint der menschlichen Natur zu widersprechen. Der Fachmann unterscheidet sich deshalb von seiner Umgebung, indem er gerade auf diesem Feld sein Denkverhalten beherrscht. Wenn Sie die Methode im Dreier-Rhythmus zu antworten verstanden und diese Methode eingeübt haben, dann werden Sie gut vorbereitet sein für Ihr Prüfungsgespräch. Ein Prüfling, der sich sprachlich von seinen Mitprüflingen durch eine gute Darlegung heraushebt, fällt positiv auf und wird deshalb einen guten Start in seinem Prüfungsgespräch haben.

Der richtige Augenkontakt zeigt, dass der Prüfling sich in einer fremden Umgebung sicher und natürlich bewegen kann. Sich selbst und seine Umgebung bewusst wahrzunehmen, gehört zu einer Persönlichkeit, die einen überzeugenden Eindruck macht. Eine Person, die sich in ihren Augenbewegungen unnatürlich verhält, wirkt auf andere irritierend oder in sich gekehrt und isoliert. Derjenige, der sich dieser Tatsache bewusst ist, wird den Augenkontakt nicht trainieren, sondern sich natürlich geben und den Blicken seines Gegenübers nicht ausweichen.

Die ganze Persönlichkeit wird in der mündlichen Prüfung gefordert. Das Innere wie das Äußere, das Denken und das Darlegen der Gedanken, alles sollte übereinstimmen, und der Gesamteindruck sollte harmonisch sein und von Dynamik geprägt sein. Es gibt nun gewisse Techniken, die man beherrschen kann und die ein Prüfling sich antrainieren kann, um in seinem mündlichen Vortrag - sofern dies seine Prüfungsordnung vorsieht - einen überzeugenden Eindruck zu machen oder das Prüfungsgespräch sicher zu meistern. Die folgenden Kapitel werden sich deshalb mit der formalen Vorbereitung auf die Prüfung befassen. Es wird dargelegt, wie man die Prüfungsinhalte abgrenzen kann, um die Tiefe und Breite des zu erbringenden Wissens im Griff zu haben. Die folgenden Kapitel beschäftigen sich dann mit dem Vortrag, wie er in der Kürze der Zeit vorbreitet werden und wie er vorgetragen werden kann, und dem eigentlichen Prüfungsgespräch.

C

DIE VORBEREITUNG

10. Das wird von Ihnen erwartet!

"Wenn ich nur wüsste,was mich in der mündlichen Prüfung erwartet, dann würde es mir besser gehen", sagte ein Prüfling, der vor der mündlichen Prüfung zum Steuerfachassistenten stand.

"Wenn ich nur wüsste, was..?", das ist eine häufig gestellte Frage vor mündlichen Prüfungen. Die Antwort ist oft einfach: Es werden keine Vollkommenheiten erwartet. Es wird nicht erwartet, dass ein Prüfling alles aus und über sein Fachgebiet weiß, denn wer weiß das schon! Die Prüfungsbereiche sind oft sehr komplex und kompliziert.

Von einem Arzt erwarte ich nicht, dass er sagt: "Lassen Sie mal die gelben Pillen weg, wir versuchen es zwischendurch mal mit den grünen", sondern, dass er den Sinn seiner Verordnung verständlich macht. Von einem Rechtsanwalt erwarte ich nicht, dass er sagt: "Da gibt es noch den Paragrafen 516! Auf diesem könnten wir noch ein Bisschen herumprozessieren", sondern, dass er die Vorschrift erklärt und erläutert und dass mir - dem Kunden - klar wird, warum er in diesem Paragrafen den Weg zu einer Lösung des Problems sieht.

Wenn eine Verkäuferin sagt: "Diese Krawatte können Sie doch nicht tragen! Ich finde, die passt nicht zu Ihnen!", dann gefällt mir das nicht, sondern ich erwarte, dass sie mit mir nach einer passenden Lösung sucht. Zu Recht? Gewiss! Der Prüfungsausschuss in Ihrer mündlichen Prüfung hat genau die gleiche Erwartungshaltung. Was wird auf eine gestellte Frage von Ihnen erwartet werden? Die Antwort: Das Naheliegende! Das Naheliegende ist stets das, was zu Ihrer Branche passt. Prüflinge tendieren zu dem Außergewöhnlichen, doch Prüfer fragen nach dem Naheliegendsten, zumindest beginnen sie damit.

Die einfachen Dinge sind oft nicht so leicht zu erklären. Auch einen Bilanzbuchhalter kann man mit der simpel erscheinden Frage überraschen: "Bitte erklären Sie uns einmal, was man unter einem Konto versteht!" Peinlich für einen Bilanzbuchhalter, wenn er bei dieser Frage ins Stottern gerät, weil er täglich mit Konten bei seiner Arbeit zu tun hat. Doch welcher Buchhalter denkt ernsthaft bei seiner Arbeit noch über diese Frage nach und welcher Buchhalter könnte diese Frage treffend und ohne zu Zögern erklären? Prüfer stellen in der mündlichen Prüfung einfach erscheinende Fragen. Es sind Fragen, die auf gewisse Fachvokabeln ausgerichtet sind. Es sind die Bananenschalen, auf denen man schnell ausrutschen kann, wenn man auf seinem Weg auf sie tritt. Es sind die Fragen, an die man am wenigsten denkt oder von denen man meint, dass man sie im Griff hätte.

Das spezifische Fachwissen wurde schon in der schriftlichen Prüfung gezeigt. Derjenige, der nach bestandener schriftlichen Prüfung Zugang zu der mündlichen Prüfung erhält, kann und sollte wissen, was von ihm nun in seiner mündlichen Prüfung erwartet wird. Es gilt für jede mündliche Prüfung, dass erwartert wird:

- ☐ ein Problem (Fragestellung) **erkennen** zu können.
- ☐ das Problem **beschreiben** zu können.
- ☐ das Für und Wider **abwägen** zu können.
- ☐ nach einer Lösung des Problems zu **suchen**.
- ☐ möglicherweise mehrere Wege **aufzeigen** zu können.
- ☐ bei der Nennung einer Lösung **erklären** zu können, warum die genannte Lösung **sinnvoll** ist.

Das bedeutet für Ihre Prüfung konkret:

1. Nennen Sie zu dem Kern der Frage den "Knackpunkt"! Sagen Sie etwas Grundsätzliches oder Allgemeines dazu. (Nur einen Satz!)

2. Gehen Sie auf das konkrete Problem der Frage ein. (Wieder nur ein Satz oder wenige, falls das Problem es erfordert.)

3. Nennen Sie - wenn möglich - ein kurzes und/ oder treffendes Beispiel aus der Praxis oder berufen Sie sich auf eine anerkannte Autorität

aus Ihrer Branche, die Ihren Gedanken stützt. In mündlichen Prüfungen der Rechtswissenschaften sind es die Gesetze, Verordnungen und Gerichtsurteile, die Ihrer Antwort Gewicht verleihen.

Wenn Sie Ihre Antworten nach diesem beschriebenen Muster aufbauen, dann wirken sie stets vollständig und kompetent.

Die Tiefe und Breite Ihrer Antwort und die Erwartungen, die der Prüfungsausschuss an Sie stellt, ist auch abhängig von Ihrer schriftlichen Leistung. Wenn das schriftliche Ergebnis mit der Note "ausreichend" beurteilt wurde, so wird man in dem mündlichen Prüfungsgespräch von Ihnen erwarten, dass Sie kurz und treffend auf die gestellten Fragen antworten können und genannte Fachvokabeln einordnen können. Man könnte es vergleichen mit einer Schwimmprüfung zum "Freischwimmer". Sie müssen zeigen, dass Sie sich 15 Minuten über Wasser halten können.

Sollten Sie in Ihrer schriftlichen Leistung jedoch mit "gut" oder "sehr gut" beurteilt worden sein, so wird man von Ihnen erwarten, dass Sie sich nicht nur an der Wasseroberfläche halten können, sondern, dass Sie auch tauchen können und einige Perlen aus der Tiefe Ihres Stoffgebietes hervorbringen können, um in dem genannten Bild zu sprechen. Richten Sie sich also nach den Leistungen Ihrer schriftlichen Prüfung entsprechend ein, denn die Ergebnisse der schriftlichen Leistung sind Ihnen vor der mündlichen Prüfung bekannt gemacht worden.

Derjenige, der in seiner schriftlichen Leistung mit "ausreichend" beurteilt wurde und in seinem mündlichen Prüfungsgespräch gute bis sehr gute Leistungen erbringt, wird seine Gesamtnote verbessern können, jedoch nicht in dem Maße, dass ein "sehr gut" herauskommt. Diese Erwartung zu haben, wäre unrealistisch und falsch. Nur dann, wenn das Prüfungszeugnis in einer mündlichen Note und einer schriftlichen Note separat bescheinigt wird, kann es auch erhebliche Abweichungen geben. Das könnte zum Beispiel bei einer Prüfung der Fall sein, die in einen theoretischen und einen praktischen Teil zerlegt ist.

Handelt es sich zum Beispiel bei dem Prüfling um einen ausgesprochen begabten Musiker, so ist es denkbar, dass der musikalische Vortrag mit dem Prädikat "hervorragend" beurteilt wird, der theoretisch-mündliche Prüfungsteil jedoch weitaus schlechter ausfallen mag.

Ebenso kann es in handwerklichen Prüfungen vorkommen, dass das Prüfungsstück, die praktische Gesellen- oder Meisterarbeit, mit "sehr gut" beurteilt wird, während die anderen Prüfungsteile schwächer beurteilt werden. Das macht in den erwähnten Beispielen einen Sinn und die Gewichtung der einzelnen Prüfungsteile in der Beurteilung zum Gesamtergebnis werden in den jeweiligen Prüfungsordnungen aufgezeigt. Sollte Ihnen das Verhältnis der praktischen Arbeit zur theoretischen Prüfung nicht klar sein, so machen Sie sich mit Ihrer Prüfungsordnung vertraut. Wenn Sie sich vor Ihrer mündlichen Prüfung mit der Prüfungsordnung befasst haben, dann wird Ihnen das helfen, zu wissen, welche Erwartungen an Sie gestellt werden und Sie werden sich selbst realistisch einschätzen können.

In aller Regel stehen die schriftlichen und theoretischen Prüfungsteile in der Beurteilung in einem ausgewogenen Verhältnis, wobei der praktische und/oder schriftliche Prüfungsteil meistens das Gesamtergebnis der abzulegenden Prüfung beherrscht.

Eine gute mündliche Leistung sollte Ihr Gesamtergebnis verbessern oder erhalten. Dies ist möglich, wenn Sie Ihre Erwartungen realistisch einschätzen und in Ihrem Antwortmuster das oben Gesagte beherzigen. Fassen wir zusammen: Erwartet wird von Ihnen: zu erkennen, zu beschreiben, abzuwägen, zu suchen, aufzuzeigen, zu erklären und deutlich machen, was sinnvoll ist. Die Themeninhalte liefert Ihnen Ihre Prüfungsordnung, an die Ihre Prüfer gebunden sind.

> "Ich will Ihnen das Geheimnis verraten, das mich zum Ziel geführt hat. Meine Stärke liegt allein in meiner Hartnäckigkeit."
>
> Louis Pasteur

11. Die Grenzen abstecken mit Hilfe der Prüfungsordnung

"Ich weiß nicht, wo ich beim Lernen und Vorbereiten auf die mündliche Prüfung beginnen und wo ich enden soll. Das Fachgebiet erscheint mir grenzenlos zu sein!", sagte eine Museologin vor ihrer mündlichen Prüfung.

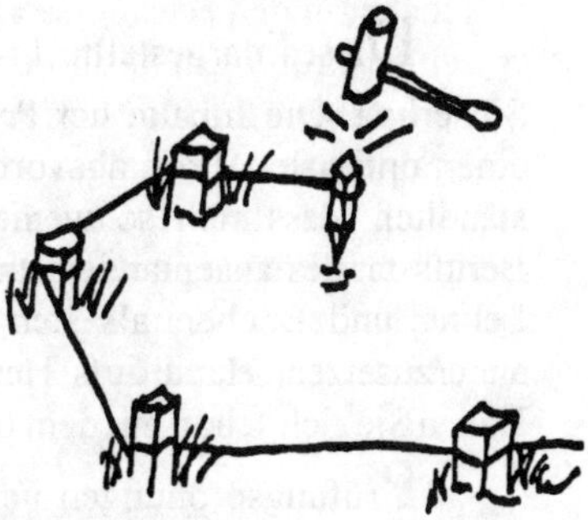

Führen Sie bitte Ihren Blick zum Himmel! Der Kosmos ist grenzenlos und dennoch erscheint er uns begrenzt durch die Wolken oder einfach dadurch, weil das natürliche Sehvermögen seine Grenzen hat. Wenn wir auf einem Berg stehen und in die Weite schauen, erscheint die Ebene grenzenlos und dennoch setzt der Horizont und die natürliche Krümmung der Erdoberfläche unserem Blick Grenzen.

Alles, was der Mensch als grenzenlos ansieht, erscheint ihm gleichzeitig auf irgendeine Weise auch als begrenzt. Das ist eine Tatsache, die auf der einen Seite paradox ist, aber doch Realität ist.

Jeder Berufsstand grenzt sich ab! In der Abgrenzung liegt seine Qualifikation! In der Abgrenzung liegt seine Fachkompetenz! Ein Fachgebiet ist eben nur ein Fach. Es gibt auch andere Fächer. Innerhalb eines Faches gibt es wiederum größere oder kleinere Fächer, das heißt wiederum kleinere Abgrenzungen.

Welchen Grad und Stand Sie durch Ihre Prüfung in Ihrer Branche erreichen wollen, das wissen Sie selbst. Doch ganz gleich, ob Sie mit Ihrer mündlichen Prüfung die Schulzeit, eine Lehre oder ein Studium beenden, Ihr Fachgebiet wird begrenzt sein. Die Abgrenzung finden Sie in der jeweiligen für Sie gültigen Prüfungsordnung.

Die Prüfungsordnung ist für Prüflinge wie für Prüfer verbindlich. Durch die Prüfungsordnung wird erreicht, dass der durch das Bestehen der Prüfung erworbene Grad einem vereinbarten Niveau entspricht. Jeder, der das Prüfungszeugnis liest, kann sich darauf verlassen, dass die Standards erreicht wurden. Wenn es auch graduelle Unterschiede gibt, so ist der Grundsatz der

Einheitlichkeit und Gleichheit doch im Großen und Ganzen gewahrt. Es liegt im Wesen einer Branche, dass sie sich begrenzt und auf tendenzielle Gleichheit achtet. Dafür gibt es Berufsordnungen, Berufskammern und Prüfungsordnungen.

Dieses dargestellte Prinzip verschafft dem Prüfling - also Ihnen - Sicherheit. Die Inhalte der Prüfungsordnung geben Ihnen die Möglichkeit einer optimalen Prüfungsvorbereitung. Obwohl das so ist, ist es unverständlich, dass sich so wenige Prüflinge mit der Prüfungsordnung ihres Berufsstandes auseinandersetzen. Die meisten verlassen sich mehr auf ihre Lehrer und Bücher, als sich kritisch mit ihrer Prüfungsordnung auseinanderzusetzen. Hand aufs Herz: Wo ist eigentlich Ihre Prüfungsordnung? Haben Sie sich schon mit dem Inhalt vertraut gemacht?

Prüfungsordnungen nennen Ihnen nicht nur die fachlichen Inhalte, sondern zeigen oft auch, was Sie **nur kennen** müssen, was Sie **wissen** müssen und was Sie **sicher darstellen** müssen.

Kopieren Sie sich deshalb Ihre Prüfungsordnung. Dann streichen Sie auf der Kopie alles heraus, das durch die schriftliche Prüfung abgedeckt wurde. Das, was übrig bleibt, kennzeichnen Sie nun mit einem Ausrufezeichen (!) für wichtig, mit zwei Ausrufezeichen (!!) für sehr wichtig und mit drei Ausrufezeichen (!!!) für unbedingt notwendig. Durch diese Arbeit erhalten Sie ein grobes Raster, das Ihnen eine gute Arbeitsgrundlage bietet für Ihre Prüfungsvorbereitung auf Ihre mündliche Prüfung. Auf diese Weise haben Sie dann die Grenzen für Ihre mündliche Prüfung abgesteckt und Sie können nun Stück für Stück unter die Lupe nehmen und sich vergewissern, ob Sie den erwarteten Stoff gut oder sehr gut beherrschen, oder wo sich Lücken auftun. Das Gefühl der Unbegrenztheit brauchen Sie nicht zu haben, denn die Grenzen können Sie sehen und das gibt Ihnen ein Stück Sicherheit!

"Aus guten Ratschlägen Nutzen zu ziehen erfordert mehr Verstand, als sie zu erteilen."

12. Aufgabenstellungen und Aufgabeninhalte

"Ich glaube, ich würde ohnmächtig, wenn mir der Prüfer eine Frage stellen würde über einen Sachverhalt, den ich während meiner Ausbildung noch nie gehört habe!", äußerte eine Textilfachfrau vor ihrer mündlichen Prüfung.

Nur Treffer bringen Punkte!

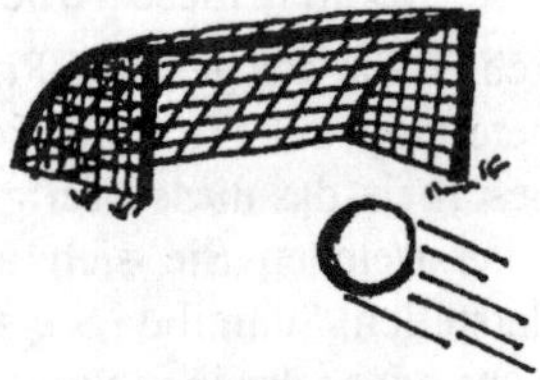

Ist es wahrscheinlich, dass ein Prüfling einer solchen Situation in seiner mündlichen Prüfung ausgesetzt ist? "Ein Prüfling, der sich gut mit seinen Ausbildungsinhalten vertraut gemacht hat, wird sehr wahrscheinlich nicht durch eine Fragestellung sonderlich überrascht sein, weil wir Prüfer mit dem Inhalt der Prüfungsordnung vertraut sind und selbst aus der Branche kommen. Unsere Fragen spiegeln die Praxis wider, wenn auch vielleicht aus einer Sicht, die dem Auszubildenden ungewohnt ist, weil wir uns im Prüfungsgespräch das erste Mal begegnen", sagte ein Prüfungsmitglied, der seit vielen Jahren Verwaltungsangestellte prüfte.

Hier erscheint sie wieder: die Prüfungsordnung! Die Aufgabenstellungen bzw. die Aufgabeninhalte können dem Prüfling bekannt sein. Natürlich nicht auf die Weise, dass er mit den Fragestellungen vorher bekannt wurde, sondern indem er über die Themenauswahl orientiert ist.

Für fast jede Art Prüfung gibt es Fachliteratur, Repetitorien oder auch Lösungsmuster. Diese Materialien stellen eine gute Hilfe für den Prüfling dar, wenn er sich nicht zu sehr an den Inhalt der Aufgabenmuster und die Lösungsvorschläge klammert. Es muss Ihnen klar sein, dass Ihre Prüfung nicht so wie in den Musterbeispielen ablaufen wird, aber doch sehr ähnlich.

Die Vorbereitung auf die mündliche Prüfung muss sich also auf die Handhabung von Variationen richten. In den meisten Büchern sind die Fallbeispiele zu lang, zu komplex angelegt. Das ist so, weil sich diese Hilfsmittel eher auf die Vorbereitung der schriftlichen und damit wesentlichen Teile der Prüfung konzentrieren. In der mündlichen Prüfung müssen die Gesamtaufgaben in viele kleine Einheiten zerlegt werden und dann wiederum in viele Variationen unterschiedlicher Struktur neu verknüpft werden.

Um diese Fähigkeit zu trainieren, ist es ratsam, sich aus der Prüfungsordnung die geforderten Wissensgebiete in Teilkomplexe zu ordnen. Für einen Bankkaufmann wäre ein solches Teilgebiet z.B. "der Wertpapierhandel", für einen Volkswirt könnte das Teilgebiet "die Zahlungsbilanz" heißen. Die Prüfungsordnung sollte sorgfältig in diese Teilgebiete zerlegt werden. Dabei ist darauf zu achten, dass die Teilgebiete nicht zu groß gewählt werden, jedoch eine gedankliche Einheit bilden.

Durch diese Arbeit erhalten Sie Teilgruppen aus Ihrem Wissensgebiet, die das gesamte Prüfungswissen überschaubar machen. Bei der Vorbereitung auf die mündliche Prüfung sollten Sie sich dann ein Lehrbuch besorgen, das dieses Teilgebiet gut erklärt. Beim Bearbeiten des Lehrstoffes unterstreichen Sie sich alle Worte, die für Ihre Branche Fachvokabeln darstellen. Schreiben Sie sich diese Fachvokabeln heraus in eine gesonderte Liste oder schreiben Sie jede Fachvokabel auf eine gesonderte Lernkarte, die die Größe einer halben Postkarte haben könnte. Karteikärtchen in dieser Größe sind in einem Fachgeschäft für Büroartikel erhältlich.

Die Benutzung von Lernkarten hat den Vorteil, dass diese Karten in unterschiedliche Reihenfolgen gemischt werden können. Nehmen Sie sich dann diese Karten zur Hand und versuchen Sie zu jeder Fachvokabel eine kurze Definition aus dem Gedächtnis anzuführen. Dabei genügt ein kurzer treffender und richtiger Satz. Bevor Sie dann die Karte beiseite legen, fragen Sie sich, mit welchen anderen Fachvokabeln die gerade zu bearbeitende Fachvokabel in Beziehung steht. Nennen Sie mindestens zwei solcher Beziehungsfachvokabeln. Durch dieses Training lernen Sie die Fachvokabeln nicht isoliert auswendig, sondern Sie trainieren gleichzeitig die Beziehungen zu anderen Fachvokabeln. Dieses Training wird Sie dann in der mündlichen Prüfung in die Lage versetzen, schnell und sicher zu reagieren, weil Ihnen die Beziehungsfachvokabeln helfen, eine Fragestellung vollständig zu beantworten.

Wenn Sie eine Karte sicher bearbeiten können, dann legen Sie diese Karte als vorläufig erledigt beiseite. Alle Karten mit den Fachvokabeln, die Sie nur unsicher bearbeiten konnten oder deren Bedeutung Ihnen nicht mehr in den Sinn kam, ordnen Sie auf einen separaten Stapel. Diesen Stapel mischen Sie erneut und bearbeiten ihn auf dieselbe beschriebene Art und Weise so lange, bis alle Karten dem Stapel der vorläufig erledigten zugeordnet sind. Von Zeit zu Zeit nehmen Sie sich den gesamten Stapel der Lernkarten wiederum vor und bearbeiten ihn auf die beschriebene Art und Weise neu, um zu überprüfen, ob Ihnen die Fachvokabeln im Gedächtnis haften geblieben sind.

Die eben beschriebene Trainingsweise wird Ihnen helfen, in relativ kurzer Zeit die Fachvokabeln und deren Bedeutung bzw. Stellung in Ihrem Wissensgebiet sich fest einzuprägen und auch die Verknüpfungsmöglichkeiten zu anderen Fachvokabeln im Gedächtnis zu haben. Es entsteht durch dieses Training in Ihrem Kopf ein geistiges Netz. Sie werden bemerken, dass auf diese Art und Weise Ihnen bei der Nennung einer Fachvokabel sofort mehre Beziehungsfachvokabeln einfallen.

Je intensiver Sie auf die beschriebene Art trainieren, umso dichter wird das geistige Netz ausfallen. Dadurch werden Sie in die Lage versetzt, neue Gedankenstrukturen zu entwickeln und können sich gedanklich in verschiedene Richtungen und Fragestellungen bewegen. Genau auf diese Fähigkeit kommt es im Wesentlichen in Ihrer mündlichen Prüfung an.

Sollten Sie in der mündlichen Prüfung eine Formulierung zu einem Gedanken oder einer Frage hören, die Sie auf diese Art nicht gewohnt sind, so werden Sie jedoch in dieser Ihnen fremden Ausdrucksweise die Ihnen bekannten Fachvokabeln entdecken, deren Definition Sie sich gut eintrainiert haben. Aus diesem Grund werden Sie dann in der Lage sein, selbst auf Fragen zu antworten, deren Frageansatz Ihnen nicht so geläufig ist.

Das sichere Handhaben der spezifischen Fachvokabel verleiht Ihren Antworten Gewicht und es sind die Dinge, auf die Ihre Prüfer achten werden und die Ihnen Punkte einbringen. Diese eben beschriebene Methode hat sich in der Praxis schon hundertfach bewährt. Diese Methode ist leicht anzuwenden und sehr effektiv im Erreichen des gewünschten Lernerfolgs - in kürzester Zeit!

Wenn Sie bei dem Training der Fachvokabeln die im Kapitel "Das richtige Denk-strick-muster wählen!" erläuterte Methode "Antworten im Dreiertakt" (Kapitel 7, S. 29) anwenden, werden Ihre Antworten Profil bekommen und den Eindruck der Vollständigkeit und Sicherheit erwecken. Die Beherrschung des Fachvokabulars erhebt Sie zum Fachmann bzw. zur Fachfrau. Die Nennung der Fachvokabeln sind Ihre Trümpfe, die Sie zur rechten Zeit ausspielen sollten. Je mehr Trümpfe ein Spieler in seinen Karten zur Verfügung hat, umso sicherer ist für ihn die Partie und die Gewissheit, das Spiel zu gewinnen. Je mehr "Trümpfe" Sie eingeübt haben, desto sicherer wird Ihnen dann der Erfolg garantiert sein.

Antworten, die es in sich haben!

1. Den eigenen Rhythmus finden, bedeutet für mich, dass ich...

2. In einer mündlichen Prüfung sollten die Antworten im Dreiertakt aufgebaut werden. Das bedeutet für mich, dass ich meine Antworten wie folgt gliedere:

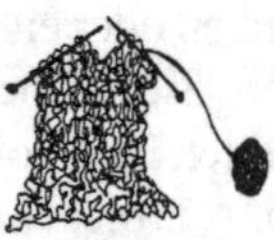

3. Den richtigen Augenkontakt halten, bedeutet für mich, dass ich...

DER VORTRAG

13. Die Vorbereitungszeit optimal nutzen!

"Frau Schulze, kommen Sie bitte in den Vorbereitungsraum, hallte es durch den Flur", berichtete Frau Schulze, die sich der mündlichen Prüfung als Steuerfachangestellte stellen musste.

Wenn die Zeit Flügel bekommt!

In vielen Prüfungen beginnt das mündliche Prüfungsgespräch mit einer Situationsaufgabe. Der Prüfling bekommt je nach Art der Prüfung eine Vorbereitungszeit eingeräumt, die in der jeweiligen Prüfungsordnung festgelegt ist. Diese Vorbereitungszeit kann von 10 Minuten bis 30 Minuten betragen.

Je nach dem Umfang der Prüfung und dem Schwierigkeitsgrad der Prüfung ist die Zeit entsprechend bemessen. In jedem Fall handelt es sich um eine relativ kurze Zeit im Verhältnis zu dem eigentlichen Prüfungsgespräch. Diese Zeit muss deshalb optimal genutzt werden.

Der Zweck eines solchen Einstiegs in das Prüfungsgespräch besteht darin, dem Prüfling den Beginn der mündlichen Prüfung zu erleichtern. Er soll durch einen kurzen Vortrag in die Lage versetzt werden, den Prüfungsausschuss sein Wissen zu einem speziellen Thema vorzutragen, seine Nervosität zu überwinden und was am Wichtigsten ist, das Feld vorzubereiten, in dem dann das Fachgespräch mit den Prüfern beginnen wird.

Obwohl dieser Teil der Prüfung von den meisten sehr gefürchtet wird, so stellen sich für den Prüfling gute Möglichkeiten dar, den erfolgreichen Lauf des Prüfungsgespräches zu steuern. Viele Prüflinge versäumen es jedoch, diese Möglichkeit zu nutzen. Woran liegt das?

Eine Prüferin sagte vor kurzem: "Meiner Meinung nach unterschätzen viele Prüflinge den Zeitfaktor. Sie holen gedanklich zu weit aus und wundern sich dann, wenn sie ihre Aufzeichnungen und Notizen nicht alle vorbringen können. Wenn das Prüfungsgespräch nicht so glatt läuft, so erbitten wir uns das Vorbereitungsblatt, um vielleicht doch noch einige positive Punkte zu entdecken, die das Prüfungsergebnis günstig beeinflussen könnten. In den wenigsten Fällen lässt sich jedoch aus dem chaotischen Wirrwar der Aufzeichnungen ein Zusammenhang erkennen und nur mit sehr großem Goodwill lässt sich ein verbessernder Aspekt herleiten. Ich habe den Eindruck, dass die Nervosität in der Prüfungsvorbereitung unterschätzt wird und dass dieser Teil der Prüfungsphase zu wenig praktisch eingeübt wird."

Das ist ein klares Wort, das Ihnen aber auch gleichzeitig den Weg weist, wie Sie in Ihrer mündlichen Prüfung, diese Fallgrube vermeiden können. Die folgenden Kapitel beschäftigen sich deshalb mit praktischen und erprobten Techniken, die Ihnen eine Hilfe sein werden, Ihren kleinen Vortrag gut vorzubereiten und ein gutes Rede-Stichwort-Manuskript aus der Aufgabenstellung heraus zu erstellen.

Auch diejenigen, die nicht mit einer Situationsaufgabe in ihrer mündlichen Prüfung konfrontiert werden, werden nützliche Tipps vorfinden, die sich in einem Fachgespräch im Stil eines "Kreuzverhörs" anwenden lassen.

Der mündliche Kurzvortrag braucht von Ihnen nicht gefürchtet zu werden, weil er sich gut vorbereiten lässt. Voraussetzung ist jedoch, dass Sie Ihre Fachvokabeln gut beherrschen und diese auf die Art und Weise trainiert haben, wie es im Kapitel 12 dargestellt wurde. Denn dadurch haben Sie das Rüstzeug erworben, unbekannte Fragestellungen zu bewältigen und zu gliedern.

Ein Haus besteht aus vielen Steinen. Ist das Haus fertig gestellt, werden die einzelnen Steine nicht mehr wahrgenommen, sondern das gesamte Gebäude. So verhält es sich auch mit der Vorbereitung auf Ihren Kurzvortrag: Die Techniken sind erlernbar und trainierbar. Wenn Sie diese Techniken ohne sichtbare Anstrengung beherrschen, wirkt Ihr Vortrag sicher und in der Darstellung kompetent.

"Was man nicht versteht, besitzt man nicht."

Goethe

14. Das Rede-Stichwort-Skript

"Kennen Sie eigentlich das Geheimnis des Kringel-Kritzel-Kraxel?", fragte der erfahrene Manager den jungen Sozius.

Der Personalchef einer großen Firma in der Großchemie wurde einmal von einem jungen karrierebewussten Mitarbeiter darüber befragt, wie er in der Lage sei, bei der Fülle von Informationen, die täglich auf seinem Schreibtisch landeten, diese Informationen verarbeiten zu können und auf Abruf parat zu haben. Wenn nötig, griff er in einen Stapel von Akten und nachdem er die Umschlagseite geöffnet hatte, war er sofort in der Lage, der Geschäftsleitung einen vollständigen und umfassenden Bericht zu geben.

Der junge Kollege glaubte, eine Naturbegabung von Langzeitgedächtnis vor sich zu haben und erkundigte sich eines Tages beim gemeinsamen Essen in der Kantine danach, wie er denn diese phänomenale Eigenschaft erworben habe und wie man sich diese Fähigkeit antrainieren könne.

Mit einem Schmunzeln auf den Lippen antwortete der Manager, dem diese Frage offensichtlich gefiel: "Kennen Sie eigentlich das Geheimnis des Kringel-Kritzel-Kraxel?" Als er die großen fragenden Augen seines jungen Kollegen sah, musste er herzlich lachen und sagte: "Es ist im Grunde genommen ganz einfach und ich will es Ihnen erklären: Mein Gedächtnis ist nicht größer oder kleiner, wie bei den normalen Durchschnittsmenschen meines Alters und meiner Tätigkeit. Es stimmt, ich habe täglich eine Flut von Informationen durchzusehen. Sich alles zu merken, wäre wahrhaft ein Wunder. Das Geheimnis - immer präsent zu sein - liegt in der Aufgabe meines Jobs und in Folgendem: Wenn ich einen Text durcharbeite, dann arbeite ich immer mit dem Stift in der Hand. Schauen Sie sich zum Beispiel einmal diese Akte an, die ich gleich nach dem Essen in einer Sitzung benötige, um dort einen Bericht über den neuesten Stand der Dinge zu geben!"

Es war schnell zu erkennen, dass der Text von Unterstreichungen, Kringel, Randstrichen, Ausrufezeichen und Abkürzungen gespickt war. Teilweise waren durch kräftige Pfeile quer durch den Text eingekreiste Schlüsselworte miteinander verbunden und mit Ziffern versehen. Während der Sozius sich noch diese Blätter genauer ansah, sagte der Manager weiter:

"Sehen Sie, auf diese Weise verwandle ich ein Textblatt zu einem Rede-Stichwort-Skript. Schauen Sie sich einmal die eingekreisten Schlüsselworte an und folgen Sie den Pfeilen. Die Reihenfolge ergibt einen bestimmten Sinn und in dieser Reihenfolge werde ich später in meiner Sitzung die Punkte vortragen. Meine Markierungen im Text helfen mir, einen vollständigen Bericht in einer logischen Reihenfolge darzulegen. Ohne dieses Konzept würde ich vielleicht etwas Wichtiges vergessen, übersehen oder mich in der Gedankenfolge verhaspeln."

Das war also das Geheimnis des Kringel-Kritzel-Kraxel! Viele Manager pflegen diese Methode, ohne die sie ihre tägliche Arbeit nicht bewältigen könnten. Ihr Stift ist ihnen ein unentbehrlicher Begleiter. Diese Methode erfolgreicher Manager lässt sich ebenfalls erfolgreich in der kurzen Vorbereitungszeit einer mündlichen Prüfungssituationsaufgabe einsetzen. Der Stift ist für Ihre Prüfung ein wichtiger Helfer. In einer zehnminütigen oder eventuell etwas längeren Vorbereitungszeit für Ihren mündlichen Vortrag werden Sie keine Zeit haben, ein vollständiges Redeskript auszuarbeiten.

Der Stift hilft Ihnen jedoch, beim Lesen der Aufgaben die Hauptpunkte einzukreisen, hervorzuheben, zu nummerieren, mit Anmerkungen zu versehen, die Aufgabe - die Sie verwerfen - durchzustreichen, Paragrafen anzumerken, die Schlüsselworte mit Pfeilen zu verbinden, so dass Sie das Aufgabenblatt schnell in ein Rede-Stichwort-Skript verwandeln, das Ihnen die nötige Sicherheit gibt bei Ihrem Vortrag nicht vom Wesentlichen abzuweichen.

Wenn Sie es nicht gewohnt sind, in Texten Markierungen anzubringen, dann müssen Sie diese Technik üben und ausprobieren. Lehrer, Lektoren und Journalisten kennen einen ganzen Katalog von Abkürzungen und Sonderzeichen, um Anmerkungen in ihren Texten vorzunehmen. Sie brauchen sich jedoch für Ihre mündliche Prüfung nicht mit diesen Sonderzeichen zu beschäftigen, weil es eine gewisse Zeit benötigt, diese Sonderzeichen zu beherrschen. Sie können Ihre eigene Methode entwickeln. Es gibt für Sie keine Regeln. Wichtig ist nur, dass Sie sich mit wenigen und eindeutigen Zeichen begnügen, weil sonst der ganze Text unübersichtlich wird. Durch die Markierungen soll aber gerade das Gegenteil erreicht werden. Eine Situationsaufgabe könnte zum Beispiel wie folgt markiert sein:

Beispiel:

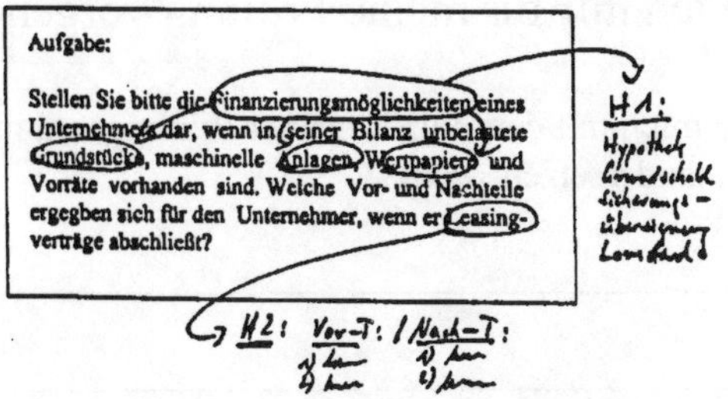

Wenn die eingekreisten Schlüsselworte in der Reihenfolge der Ziffernfolge gelesen werden, ergeben sie einen Sinn. Die Randbemerkungen geben Hinweise, die der Prüfling in seiner Antwort einbauen will. Bestimmt erkennen Sie auf Anhieb, dass durch diese Methode Ihnen viel Schreibarbeit erspart bleibt und Sie dennoch ein Antwort- und Redeskript zur Verfügung haben.

Die kurze Zeit der Vorbereitung steht Ihnen durch die Anwendung der gezeigten Methode zur Verfügung, sich mit dem Inhalt der Aufgabe und der Aufgabenstellung zu befassen. Die Zeit wird nicht mit unnötiger Schreibarbeit vertan. Abgesehen davon wird die Schrift durch die Nervosität und Hektik bei den meisten Prüflingen sehr verzerrt und es ist nicht selten, dass der Prüfling dann bei seinem Vortrag seine eigenen Notizen nicht mehr entziffern kann. Vermeiden Sie ein unleserliches Gekritzel. Nützlicher sind wenige gut durchdachte Argumente, die Sie sicher vortragen können, denn Ihr Vortrag stellt nur den Einstieg in das Prüfungsgespräch dar und ist in der Vortragszeit begrenzt.

Die Methode, mit dem Stift zu arbeiten, muss geübt werden. Sollten Sie noch unerfahren in dieser Methode sein, können Sie diese Methode nicht nur an Fachtexten üben, sondern auch an jedem anderen Text, der Sie interessiert. So zum Beispiel an einem kleinen Artikel aus Ihrer Fernsehzeitschrift oder der Tageszeitung. Kritzeln und kraxeln Sie mal darauf los, legen Sie den Text beiseite und nach zwei Tagen versuchen Sie, nur anhand der hervorgehobenen Schlüsselworte den Inhalt des Textes in eigenen Worten nach der Reihenfolge Ihrer Anmerkungen wiederzugeben. Sie werden überrascht sein. Der Erfolg wird Sie überzeugen.

Wenn Sie am Rand der Situationsaufgabe oder unterhalb des Textes noch ein Beispiel aus der Praxis anmerken, das Sie in Ihrem Vortrag einfließen lassen wollen, dann erhält Ihre Antwort Gewicht. Ihre Prüfer werden von Ihrer Fachkompetenz überzeugt sein.

Das habe ich mir für meine Prüfung vorgenommen!

1. Ich werde mich mit dem Inhalt meiner Prüfungsordnung gründlich auseinandersetzen, weil...

____

____

____

____

2. In meinem Vortrag zur mündlichen Prüfung werde ich nur kurz und knapp auf die Hauptpunkte eingehen, weil...

____

____

____

____

3. Ein Rede-Stichwort-Skript werde ich mir zur Übung erstellen anhand...

____

____

____

____

15. Achten Sie auf die Zeit!

"Ich hatte das Gefühl, soeben begonnen zu haben, als die Aufsichtsperson mir durch ein Zeichen zu verstehen gab, dass die Vorbereitungszeit zu Ende sei. Die Zeit verrann wie im Flug!", erzählte eine Einzelhandelskauffrau nach ihrer mündlichen Prüfung.

Die Kunst des Einteilens beherrschen.

Wenn man sich auf eine Situation ganz stark konzentriert, so ist es, als ob die Zeit Flügel bekommt, sich mit Adlerschwingen erhebt und auf Nimmerwiedersehen davongleitet. Kaum begonnen, schon zerronnen! Wo ist nur die Zeit geblieben?

Die Vorbereitungszeit auf das mündliche Prüfungsgespräch ist eine Zeit starker Konzentration. Die Gefahr, die Zeit aus den Augen zu verlieren, ist deshalb groß und die Kunst der Zeitvermehrung muss deshalb vor dem Prüfungsantritt gut eingeübt werden und einwandfrei beherrscht werden. Eine Schülerin fragte ihren Lehrer, als sie von ihm von der Kunst der Zeitvermehrung hörte, wie man Zeit vermehren könne, da doch die gegebene Zeit eine bestimmte Dauer habe, die höchstens verlängert werden könne, doch aber nicht mehr werden könne, da 30 Minuten eben 30 Minuten seien: nicht mehr und nicht weniger.

Der Lehrer antwortete darauf: "Das Empfinden der Zeit ist eine reine subjektive Wahrnehmung. Die Kunst der Zeitvermehrung besteht darin, die zur Verfügung stehende Zeit nicht als ein Ganzes zu sehen, sondern zu teilen. Dadurch erhält man mehrere Teile von Zeiten. So kann zum Beispiel **ein** Vortrag von 45 Minuten zerlegt werden in eine Einführung zum Thema von 7 Minuten, einen Hauptteil von 30 Minuten und einen Schlussteil von 8 Minuten und schon sind aus **einer** Zeit **drei** Zeiten entstanden. Werden im Hauptteil noch **zwei** Beispiele eingebaut, so kommen noch **zwei** Zeitteile hinzu und wir erhalten **fünf** Zeiten. Wenn man sich nun für die erwähnten

Vortragsteile selbst die Zeiten für die Bearbeitung setzt, so wird man sein Vorhaben effektiv und vollständig erledigen können. Das versteht man unter der Zeitvermehrung."

Nicht nur Lehrer sind es gewohnt ihre Zeit einzuteilen und dadurch zu vermehren. Erfolgreiche Personen im Geschäftsleben könnten ohne eine solche Einteilung der Zeit nicht effektiv arbeiten. Der Terminkalender und die Zeitbegrenzung ist in Ihrer Arbeit ein wichtiges Element. Prüflinge können diese Kunst der Zeitvermehrung ebenfalls anwenden, um erfolgreich zu sein. Die Kunst der Zeitvermehrung beherrscht man jedoch nur durch Training. Es bedarf einiger Übungen, bis man die Zeit in den Griff bekommt.

Nicht nur der Prüfling hat die Zeit einzuteilen, sondern seine Prüfer ebenfalls. In einer relativ kurzen Prüfungszeit, die für ein mündliches Prüfungsgespräch zur Verfügung steht, müssen sich die Prüfer ein Bild von Ihrer Persönlichkeit machen und Ihre Leistung beurteilen. In aller Regel benötigt ein erfahrener Mensch wenig Zeit, um diese Aufgabe zu lösen. Ihre Prüfer sind erfahren, darauf können sie vertrauen. Doch diese erfahrenen Menschen werden Sie in fachlicher Hinsicht nur beurteilen können, was Sie gesagt haben und wie Sie Ihre Argumente platziert haben. Man kann Ihnen keine Punkte geben auf das, was Sie denken und was nicht ausgesprochen wurde. Traurig wäre es, wenn das Prüfungsgespräch zu Ende geht und Sie das Gefühl hätten, dass Sie nicht annähernd die Breite und Tiefe Ihres Wissens präsentieren konnten. Die Gelegenheit ist dann vorüber und die Beurteilung erfolgt aufgrund des Gesehenen und Gehörten.

Eine gute Vorbereitung mit der Uhr auf dem Tisch wird Sie vor Misserfolgen schützen. Wie sollte man vorgehen? Wie eine Aufgabenstellung in ein Rede-Stichwort-Skript verwandelt werden kann, wurde schon in dem Kapitel 14 dargestellt. Bei diesen Übungen sollten Sie Ihre Armbanduhr vorher immer auf den Tisch legen. Platzieren Sie Ihre Uhr so, dass Sie während Ihrer Vorbereitungszeit ab und zu nur durch eine Augenbewegung die Uhr im Blick haben können, ohne dass Sie sich mit dem ganzen Körper bewegen müssen.

"Sollte ich mir eine Stoppuhr kaufen, eine Uhr, wie sie Trainer für Sportveranstaltungen benutzen?", wird häufig gefragt. Nein, das ist nicht nötig. Benutzen Sie Ihre eigene Armbanduhr, denn die werden Sie auch in der Prüfung benutzen können und mit dieser Uhr sind Sie dann gewohnt zu arbeiten. Das Arbeiten mit der Uhr muss trainiert werden. Es muss für Sie etwas Selbstverständliches geworden sein, dass der Zeiger während Ihrer Arbeit weiterläuft, ohne dass Sie nervös werden. Wie sollte man sich nun die

Zeit einteilen? Die Aufgabenstellung erfordert ein nicht zu schnelles Lesen der Situationsaufgabe und gleichzeitig sollten bei diesem Lesen Markierungen (siehe Kapitel 14) angebracht werden. Viele Prüflinge nehmen sich für diese sehr wichtige Arbeit während der Prüfung zu wenig Zeit. Es werden dann wichtige Schlüsselworte übersehen oder falsch in Beziehung gesetzt und dadurch entstehen Fehler. Von der gesamten Bearbeitungszeit, die zur Verfügung steht, sollten für das Lesen mindestens 10 bis 20 % der Zeit eingeräumt werden. Stünde also beispielsweise eine Vorbereitungszeit von 10 Minuten zur Verfügung, so sollte für diese Arbeit 1,5 bis 2 Minuten eingeräumt werden.

Bei einigen Prüfungen stehen dem Prüfling zwei oder mehr Aufgaben zur Wahl. Sollte dies bei Ihrer Prüfung ebenso sein, dann entscheiden Sie sich sofort, nachdem Sie die Aufgabenstellungen langsam durchgelesen haben, für eine der genannten Fragestellungen bzw. Aufgaben. Die verworfene Aufgabe streichen Sie dann mutig durch und befassen sich dann nur noch mit der gewählten Aufgabe ohne gedanklich zu schwanken, ob die andere Aufgabe nicht doch besser sei. Ein Zweifeln kostet Sie Zeit, wertvolle Zeit, die nicht mehr zurückzuholen ist.

Nun beginnen Sie, die markierten Hauptpunkte mit den Frageworten aus dem Kapitel "Die W-Fragen als Standardkonzept" (Kapitel 19) zu bearbeiten und setzen die Hauptpunkte mit Pfeilen zueinander in Beziehung. Nummerieren Sie die Hauptpunkte in der Reihenfolge, wie Sie sie in Ihrem Vortrag behandeln wollen. Sollte es zu Ihrem Fachgebiet gehören, Rechtsquellen zu nennen, so vermerken Sie die entsprechenden Paragrafen bei den Hauptpunkten. Suchen Sie jedoch nicht besonders danach im Gesetz, denn das kostet unnötige Zeit. Sollte am Ende der Bearbeitungszeit noch etwas Zeit übrig sein, dann kann der eine oder andere Paragraf noch ergänzt werden.

Nützlicher wird es jedoch sein, wenn Sie in der restlichen Zeit sich einige Fachvokabeln vermerken, die Sie während Ihrer Ausführungen ins Spiel bringen wollen und dass Sie sich Beispiele aus der Praxis vermerken, die Ihren Vortrag anreichern sollen. Wenn noch etwas Zeit verbleibt, gehen Sie die Hauptgedanken in der Reihenfolge Ihres Vortrages nochmals durch: dann sind Sie startbereit. Die Zeit ist genutzt, das Prüfungsgespräch kann beginnen!

Zeitplan für die Vorbereitung auf die mündliche Prüfung

Countdown

	Zeiteinsatz / Std.	Themen	Art der Vorbereitung	Erledigt	Noch offen
3 VJ					
2 VJ					
3 Monate					
2 Monate					
4 Wochen					
3 Wochen					
2 Wochen					
7 Tage					
6 Tage					
5 Tage					
4 Tage					
3 Tage					
2 Tage					
1 Tag					
Prüfungsgespräch					

16. Die Fachsprache bringt Sie weiter!

"Die Transformationsfunktion der Börse wird dadurch erleichtert, dass Wertpapiere fungibel sind!", sagte der Prüfling in seiner mündlichen Prüfung zum Dipl.-Volkswirt.

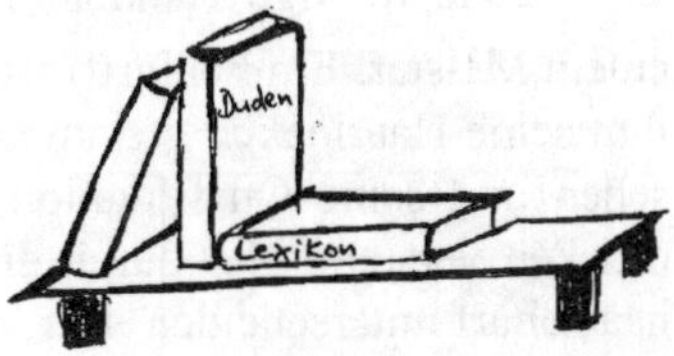

Eine solche Aussage im mündlichen Prüfungsgespräch ist Musik in den Ohren der Prüfer. Es ist eine Aussage, die bei den Prüfern wohlwollendes Kopfnicken zur Folge hat. Die Prüfer sind Fachleute auf ihrem Gebiet. Sie haben den "Meister"-Grad bereits erreicht, der Prüfling jedoch noch nicht. Die Prüfer beherrschen ihr Gebiet und damit auch ihre Fachsprache.

Der Fachmann qualifiziert sich durch seine Fachsprache. Die Fachsprache verbindet ihn zu einer besonderen Gruppe. In der Fachsprache fühlt sich der Fachmann zu Hause, hier ist er Gleicher unter Gleichen.

Ein erfolgreicher Prüfling muss zeigen, dass er die Fachsprache seines Gebietes erlernt hat. Die Fachsprache ist eine Sprache, die die gleichen Tücken und Vorteile hat wie eine Fremdsprache. Derjenige, der nicht den Zungenschlag eines "Nativspeakers" beherrscht, wird als Fremder auffallen, sobald er den Mund aufmacht. Natürlich gibt es Unterschiede. So beherrschen Personen Zweit- und Drittsprachen auf eine Weise, in der sie sich nach Landessitte gewählt und nach allen Regeln der Kunst auszudrücken verstehen, obwohl sie als Fremde erkannt werden. Andere artikulieren sich in unverständlichen Sprachbrocken, die sehr viel Hilfsbereitschaft und Rücksichtnahme erfordern, um überhaupt zu wissen, was gemeint sein soll. Eine Fremdsprache hat ihre eigene Grammatik und ihre eigenen Vokabeln. Die Vokabeln können teilweise doppel- und mehrdeutig sein. Ebenso verhält es sich mit der Fachsprache. Auch hier gibt es Doppel- und Mehrdeutigkeit. So wie eine Grammatik die Worte der fremden Sprache in einer speziellen Beziehung zusammenhält, um bestimmte Ausdrucksweisen zu ermöglichen, so gibt es auf Ihrem Fachgebiet Regeln, die Sie beachten und einhalten müssen.

Das Training der Fachvokabeln kann nicht oft genug angesprochen und empfohlen werden. Der Erfolg Ihrer mündlichen Prüfung wird im Wesentlichen von diesem Wissen abhängen.

Die richtige Handhabung der Fachsprache macht den Meister zu einem Meister. Ein Fehlgriff ist fatal und wie Simson seine Kraft verlor, als ihm seine Haarlocken genommen wurden, so verliert der Prüfling sein Ansehen und seine Qualifikation, wenn er sich nicht fachlich exakt auszudrücken versteht. Nur durch die Worte der Fachsprache lassen sich Dinge haarscharf unterscheiden. Ein Wort steht für einen Gedanken, ein Fachwort erklärt dem Fachmann ein ganzes Kapitel von Wissen, die Nennung eines bestimmten Paragrafen im richtigen Moment ersetzt eine Wortflut von Vorschriften.

Mit Hilfe der Fachwörter kann unterschieden, differenziert und beschrieben werden. Durch die Fachvokabeln weiß jeder Fachmann, wo der Sprecher gedanklich steht und was gemeint ist. Die Fachsprache zersplittert das Wissen in tausende und hunderttausende von Einzelheiten. Die Fachsprache verbindet alle Fachleute zu einer elitären Gruppe, sie vereint über Grenzen hinweg, Fachleute aus allen Teilen der Erde. Die Anwendung der spezifischen Fachvokabeln ist quasi die Eintrittskarte, um durch das erfolgreiche Bestehen der Prüfung in den erstrebten Berufsstand erhoben zu werden.

Fachvokabeln kann man lernen, Fachvokabeln kann man üben. Es ist eine anstrengende und harte Arbeit, aber in den meisten Fällen eine Arbeit, die mehr mit Fleiß und Beharrlichkeit zu tun hat, als mit dem Intelligenzquotienten. Der Fachmann erweist sich als jemand, der seine Fachsprache beherrscht, das Genie zeigt sich in der Anwendung derselben.

> "Wenn man zu schnell spricht, läuft man Gefahr, etwas zu sagen, woran man noch gar nicht gedacht hat."
>
> Ann Landers

17. So zeigen Sie Sicherheit!

"Bei der schriftlichen Prüfung wusste ich, was auf mich zukommen wird. Im Hinblick auf die mündliche Prüfung fühle ich mich unsicher. Wenn ich doch einige Regeln wüsste, an die ich mich halten könnte!", sagte ein Prüfling, der sich auf sein mündliches Prüfungsgespräch zum Kosten-Leistungsrechner vorbereitete.

Regeln im Sinne von fest vereinbarten gesetzmäßigen Verhaltensweisen gibt es für ein mündliches Prüfungsgespräch nicht. Das ist gut so, denn Regeln würden die persönliche Entfaltung des Prüflings stark einschränken. Doch es gibt Grundsätze, die ein Prüfling beachten sollte, um ein erfolgreiches Gespräch zu führen, die ihm Sicherheit geben und die ihm helfen im Gespräch die nötige Sicherheit zu zeigen.

Einige wesentliche Punkte wurden schon dargestellt, andere werden folgen. Fassen wir an dieser Stelle zusammen und versetzen wir uns in die Prüfungssituation. Wir unterscheiden: Ihren Vortrag zur Situationsaufgabe als Einstieg in das Prüfungsgespräch und dann den weiteren Gesprächsverlauf.

In Ihrem Vortrag gibt Ihnen Ihr Rede-Stichwort-Skript (Kap.14, S. 55) die nötige Sicherheit, denn Sie wissen, was Sie sagen wollen. Zeigen Sie diese Sicherheit, indem Sie in Ihrem Vortrag nur kurz die Hauptpunkte ansprechen. Verwickeln Sie sich nicht in lange Sätze. Kurze Sätze vermitteln den Eindruck von Klarheit, Dynamik und Wissen. Knapp und treffend ist die Devise.

Nur der Ungeübte, schlecht Vorbereitete verliert sich in lange Beispiele. Da Sie in Ihrem Rede-Stichwort-Skript nicht nur einen, sondern mehrere Hauptpunkte vermerkt haben, brauchen Sie sich nur mit jedem Punkt im Dreier-Rhythmus (Kap. 8, S. 31) zu befassen, dann gehen Sie zum nächsten Punkt über. Haben Sie Ihre Punkte angesprochen, dann setzen Sie auch sprachlich einen Punkt (Näheres im Kap. 24, S. 91), so dass man merkt, dass Sie zum Ende Ihrer Ausführungen gekommen sind und die Prüfer verstehen, dass Sie nun für weitere Fragen bereit sind. Im weiteren Prüfungsverlauf antworten Sie dann stets im Dreier-Rhythmus, wobei es nicht immer nötig ist, ein praktisches Beispiel (Kap.18, S. 69) zu nennen. Die Praxisbeispiele spiegeln Ihre Erfahrenheit wider und vermitteln ein Bild von Ihrer Fachkompetenz.

Sicherheit zeigen Sie auch durch Ihre Redefähigkeit und Ihre Wortwahl, besonders wenn Sie in Ihre Antworten Fachbegriffe aus Ihrer Branche einfließen lassen. Eine ruhige Vortragsweise ohne zu lange Pausen zwischen den Sätzen vermittelt Sicherheit. Ihren Blick sollten Sie nicht ständig an einer Stelle halten, zum Beispiel auf Ihr Redeskript, an die Decke starren oder aus dem Fenster schauen, während Sie reden (Kap. 9, S. 35).

Schauen Sie auf Ihr Skript, nehmen Sie den ersten Hauptpunkt wahr, beginnen Sie mit dem Vortrag und schauen Sie Ihre Prüfer beim Reden an, so wie Sie auch Ihre Kunden anschauen würden. Während des Sprechens wandert also Ihr Blick von dem Skript zu den Prüfern. Bei Ihrer Sprechweise können Sie natürliche Gesten einfließen lassen, auch das vermittelt eine Portion Selbstvertrauen und damit auch Sicherheit. Wesentlich wird jedoch sein, was Sie sagen. Präsentieren Sie Ihr Wissen, indem Sie die spezifischen Fachvokabeln nennen und lenken Sie dadurch die Richtung des Gespräches (Näheres im Kap. 29, S. 109) für den weiteren Verlauf.

Wie sollte man reagieren, wenn ein Prüfer Sie in Ihrem Vortrag unterbricht? (Siehe Kap. 36, S. 129) Es kommt darauf an, wann Sie unterbrochen werden und wie. Die ersten drei bis fünf Minuten werden Sie wohl nicht unterbrochen werden, weil man Ihnen die Gelegenheit geben will, Ihr Wissen zu der gestellten Aufgabe zu präsentieren und weil man herausfinden will, welche Richtung Sie in dem Gespräch einschlagen werden. Sie sollten in Ihrem vorbereitenden Training auf Ihre mündliche Prüfung auch darauf hinarbeiten, dass Sie in dieser Zeit Ihre meisten Argumente und Lösungsvorschläge genannt haben. Während Ihres Vortrages ist es also wichtig, dass Sie Ihre Uhr im Auge haben.

Werden Sie nach 5 Minuten - bei längeren Prüfungen kann dieser Zeitraum auch entsprechend länger sein - durch eine Zwischenfrage oder Zusatzfrage unterbrochen, so signalisiert man Ihnen den Beginn des Fachgespräches, das im Idealfall wie ein Ping-Pong-Spiel in einer natürlichen Abfolge zwischen Prüfern und Prüfling hin- und hergeht. Achten Sie also auf die gestellte Frage und antworten Sie im Dreier-Rhythmus, wie Sie es trainiert haben. Wie sollte man jedoch reagieren, wenn man schon nach kurzer Zeit unterbrochen wird, sagen wir: nach einer Minute? Achten Sie auf den Inhalt der Zwischenfrage und versuchen Sie herauszubekommen, was die Ursache für diese Frage war.

Es könnte sein, dass Sie einen Fehler gemacht haben, der den Sinn entstellt. Nehmen wir an, Sie hätten sich versprochen und hätten diesen Fehler nicht bemerkt. Angenommen, Sie hätten sich in der Wortwahl vergriffen. Denken wir uns, Sie hätten den Begriff Steuerschuldner gebraucht, aber Steuerpflichtiger gemeint. Es könnte nun sein, dass der Prüfer Ihnen durch eine Zwischenfrage einen Wink geben will, indem er fragt: "Steuerschuldner?". Wenn Sie dann Ihren Fehler bemerken und sagen würden: "Ich meine natürlich den Steuerpflichtigen, vielen Dank!" und dann in Ihren Ausführungen weitergingen, dann wäre die Sache in Ordnung. Wittern Sie also nicht immer eine große Sache hinter einer kurzen Zwischenfrage.

Weiterhin könnte die Ursache für eine Zwischenfrage sein, dass Sie sich unklar ausgedrückt haben. Sie haben vielleicht eine Umschreibung gewählt, anstelle die nötige Fachvokabel zu gebrauchen. Die Ursache der Zwischenfrage ist dann: Ihnen die Gelegenheit zum Nachrüsten zu geben, um Punkte zu buchen. In diesem Fall setzen Sie gedanklich etwas zurück und präsentieren dann Ihr Wissen.

Es könnte auch sein, dass der Prüfer ungeduldig ist und sich nach einem Punkt erkundigt, der in Ihrem Skript an anderer Stelle steht und noch von Ihnen genannt werden sollte. In diesem Fall sagen Sie mutig: "Das habe ich mir auch notiert, ich ziehe diesen Punkt vor. Es handelt sich ....usw". Gehen Sie also auf die Forderung des Prüfers ein und stellen Sie Ihre Hauptpunkte um. Durch das Training, die Situationsaufgabe in ein Rede-Stichwort-Skript zu verwandeln, wird es Ihnen keine Schwierigkeiten bereiten, Ihren Vortrag anzupassen.

Sollten Sie nicht alle Punkte darlegen können, die Sie sich auf Ihrem Skript vermerkt haben, weil die Prüfer schon früher - als Sie gedacht haben - mit dem Zwiegespräch beginnen, so kämpfen Sie nicht darum, auch noch das sagen zu wollen, was Sie sich vermerkt haben. Nach ein, zwei Sätzen kann es sein, dass Sie dennoch auf die nötigen Notizen zurückgreifen können und die Punkte noch benennen können, wenn sie zum Thema passen sollten.

Sollten Sie einen Prüfer haben, der Sie einfach zu früh oder zu oft unterbricht, ohne dass dafür eine Ursache besteht, so vertrauen Sie darauf, dass die anderen Prüfer dafür sorgen werden, dass Sie Ihren Vortrag zu Ende bringen können. Werden Sie nicht nervös, sondern halten Sie sich an Ihre Fachvokabeln und präsentieren Sie Wissen. Wichtig ist, dass Sie nicht ins Stocken geraten, sondern dass das Gespräch in Fluss bleibt (Kap. 30, S.111).

Daran werde ich arbeiten:

1. Ich werde...
   a) ______
   b) ______
   c) ______
   d) ______
   e) ______

2. Ich plane...
   a) ______
   b) ______
   c) ______
   d) ______
   e) ______

3. Vertiefen muss ich noch...
   a) ______
   b) ______
   c) ______
   d) ______
   e) ______

18. Das Beispiel - wirksam, wenn treffend!

"Können Sie zu dem letzten Gedanken ein Beispiel aus der Praxis nennen?", fragte der Prüfer mit erwartungsvollem Blick.

Beispiele eignen sich gut, um den theoretischen Ansätzen einen praktischen Hintergrund zu geben. Punkte können in einem mündlichen Prüfungsgespräch jedoch nur gesammelt werden, wenn das Beispiel treffend ist und die Fragestellung beleuchtet bzw. zu der Aufgabenstellung passt.

Mit einem guten Beispiel ersparen Sie sich unter Umständen komplizierte Erläuterungen. Das Beispiel hat jedoch auch eine gefährliche Seite für den Prüfling: Es kann genau das Gegenteil bewirken und die Prüfungssituation erheblich komplizierter machen. Wenn ein Beispiel den Kern der Fragestellung nicht genau trifft, so werden sich Ihre Prüfer höflich und geduldig danach erkundigen, wie sie Ihre Darstellung einordnen und verstehen sollen. Das bedeutet für den Prüfling, dass er weiter ausholen muss und dabei das Beispiel mit Zusatzbedingungen befrachtet und erläutert. Oft verwickeln sich die Teilnehmer in extreme Ausnahmesituationen, um ihr Beispiel zu untermauern. Das genannte Beispiel mag dann zwar auch für die Prüfer verständlich geworden sein, weil es sich jedoch um einen Ausnahmetatbestand handelt, ist es für die Bewertung der Prüfung wertlos geworden.

Dieser Sackgasse kann man entrinnen, wenn Sie schon bei der Vorbereitung auf die mündliche Prüfung beim Training Ihrer Fachvokabeln Beispiele mit andenken. Dadurch prägen Sie sich passende Beispiele ein und die Beispiele sind dann auch mit den richtigen Fachsituationen präsent. Ein Prüfling sollte bei der Auswahl von eigenen Beispielen sehr vorsichtig sein, weil sich unter Umständen die Dinge unter dem kritischen Auge Ihrer Prüfer anders darstellen lassen.

Gute Beispiele finden Sie in Ihren Lehrbüchern, in Fachaufsätzen oder sogar in amtlichen Richtlinien. Das verwendete Beispiel sollte immer exemplarisch Ihren Gedanken stützen und den Hauptgedanken unterstreichen. Mit einem guten Beispiel können Sie das Prüfungsgespräch lenken und in eine gewünschte Richtung führen, weil Prüfer gerne an Beispielen Zusatzfragen anbringen. Gerade aus diesem Grund müssen Beispiele gut vorbereitet und bis zum Ende durchdacht sein. Sollten Sie im Zweifel sein, ob ein Beispiel passt, lassen Sie es lieber weg. Die Struktur eines guten Beispiels sollte immer klar und mit wenigen Elementen ausgestattet sein. Wenn Sie ein Beispiel anführen, dann sollten Sie genau darstellen, welchen Aspekt Sie in diesem Beispiel beleuchten und welche Parameter konstant bleiben sollen.

In der Wissenschaft werden komplizierte Sachverhalte oftmals gedanklich vereinfacht, indem alle anderen Parameter, die auf ein Ereignis wirken, als konstant angesehen werden und die Frage wird dann untersucht, was geschehen würde, wenn nur ein Faktor variiert wird. Diese Veränderung ist dann der Gesprächsgegenstand. Dieser Gesprächsgegenstand muss klar hervorgehoben werden. Der Standpunkt darf während der Darlegung nicht verlassen werden.

Ein oft zu beobachtender Fehler ist der, dass der Prüfling während seiner Darlegung den Standort oder den Blickpunkt wechselt und das eventuell sogar mehrmals in seiner Aussage. Durch diese Wechselbäder wird die Darlegung dann unübersichtlich und unverständlich. Eine Sache kann natürlich von verschiedenen Blickpunkten aus betrachtet werden, doch es muss dann allen Gesprächspartnern klar sein, dass nun die Fronten gewechselt wurden. Es ist eben ein Unterschied, ob ich am Steuer eines Pkw´s sitze oder auf dem Rücksitz.

Im Prüfungsgespräch zeigen Sie Ihre Qualifikation auch dadurch, dass Sie verschiedene Aspekte in Betracht ziehen und andiskutieren. Doch bevor Sie Ihren Standort in der Betrachtungsweise wechseln, bringen Sie dies deutlich zum Ausdruck, so dass allen Beteiligten klar ist, dass nun der Prüfungsgegenstand von einer anderen Seite aus betrachtet wird. Sie können dies dadurch erreichen, indem Sie Formulierungen benutzen, wie: "Im Gegensatz dazu....." oder "auf der anderen Seite....." oder "abgesehen davon......." oder "zu dieser herrschenden Meinung gibt es auch noch andere Überlegungen, wie......" usw. Mit solchen Redewendungen führen Sie Ihre Zuhörer klar auf die richtige Position und es wird dann keine Missverständnisse geben.

Auch Prüfer führen in dem Prüfungsgespräch Beispiele an und befragen Sie dann zu bestimmten Punkten. Bevor Sie antworten, vergewissern Sie sich, ob Sie das Beispiel richtig verstanden haben, denn auch Prüfer sind nicht immer in der Lage, ein treffendes Beispiel zu wählen. Bevor Sie auf die Frage eingehen, können Sie in einer kurzen Zusammenfassung des Beispiels nochmals die genannten Parameter hervorheben. Dies hat auch den Vorteil, dass Sie während dieser Zusammenfassung etwas Zeit haben, sich die Antwort gedanklich zurechtzulegen, und der Prüfer bestätigt durch Kopfnicken oder verbal die Voraussetzungen des Beispiels. Es wäre nicht das erste Mal, wenn bei einer solchen Zusammenfassung der Prüfer ein oder zwei Bedingungen noch nachschiebt, die ihm bei der Nennung seines Beispiels entgangen sind. Die nachgeschobenen Angaben helfen Ihnen unter Umständen wesentlich, das Beispiel zu durchblicken und die richtige Antwort zu finden.

Zusammenfassend kann gesagt werden, dass zur Auswahl eines treffenden Beispiels viel Erfahrung gehört. Der Prüfling hat diese Erfahrung in aller Regel noch nicht erworben, sondern wird diese Erfahrung erst nach der erfolgreichen Prüfung sammeln können. Nennen Sie daher die Standardbeispiele. In jeder Branche und zu jedem Beruf gibt es Standardbeispiele, die jedem aus der Branche bekannt sind. Nennen Sie getrost diese Beispiele. Sie können dann auch darauf vertrauen, dass Ihre Prüfer diese Beispiele kennen und erfassen. Was Sie mit Ihrem Beispiel sagen wollen, ist dann verständlicher und leichter für Sie.

Das Beispiel sollte jedoch immer einfach und klar sein. Obwohl diese Aussage einfach erscheint, zeigt die Praxis ein anderes Bild. Viele Prüflinge wählen zu komplizierte Sachverhalte und verrennen sich schnell im Dschungel des Fachgebietes und liefern sich damit unnötigen Schwierigkeiten aus. Peinlich wird es für einen Prüfling, wenn er seinen Gedanken mit Hilfe eines Beispiels untermauern will, sich gedanklich verwickelt und der Prüfer dann sein Beispiel aufgreift, um genau den gegenteiligen Gedanken zu stützen. Das kann mit einem Beispiel schnell geschehen, weil sich alle Dinge von mindestens zwei Seiten darstellen lassen und die Rückseite eines Geldscheines ist eben das Gegenteil von der Vorderseite, obwohl es sich um die gleiche Banknote und damit um denselben Wert handelt.

Lassen Sie daher Ihre Beispiele nicht entfremden, sondern bleiben Sie bei dem Punkt, den Sie durch Ihr Beispiel hervorheben wollen.

> "Je unsicherer ein Mensch ist, desto mehr neigt er zu extremen Vorurteilen."
>
> Clint Eastwood

Das will ich in meiner Prüfung anwenden!

1. Die Prüfungsordnung stellt für mich eine Hilfe dar, weil.....

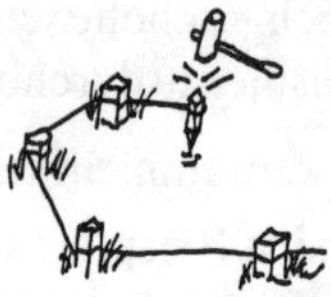

2. Das Aufgabenblatt verwandle ich in ein Rede-Stichwort-Skript, wenn ich...

3. Während meiner Prüfungsvorbereitungszeit hilft mir meine Uhr auf die Zeit zu achten, wenn ich....

19. Die W-Fragen als Standardkonzept

*"**Wenn** ich wüsste, **welcher** meiner Prüfer **was** und **wie** zu mir sagt, wüsste ich, **wo** ich nachlesen müsste und **wer** mir weiterhelfen könnte!"*

Fachkompetenz vermitteln Sie durch Überzeugung. Überzeugung zeigen Sie Ihren Prüfern, indem man Ihnen abnimmt, dass Sie wissen, wo´s langgeht!

Ein Bergführer kennt den Weg. Er weiß, warum er zu einem bestimmten Zeitpunkt aufbricht. Er berücksichtigt seine Kräfte und die seiner Gruppe und er kennt auch die Stellen auf dem Weg, an denen alle Teilnehmer angeseilt werden müssen.

Im Prüfungsgespräch zeigen Sie, dass Sie wissen, wo es langgeht, wenn Sie ein bestimmtes Konzept verfolgen. Dieses Konzept ist praktisch die Landkarte in Ihrem Kopf. Man merkt sofort, ob eine Person einen Weg kennt oder ob sie den Weg sucht. Beide kommen vielleicht an ihr Ziel, doch die Person, die den Weg kennt, macht einen überzeugenden und sicheren Eindruck. Genau diesen Eindruck wollen Sie auch in Ihrer Prüfung bei Ihren Prüfern erwecken.

Der Bergführer hat nun nicht einen Weltatlas im Kopf, noch eine Gerneralstabkarte mit allen Straßen, Wegen und Gassen. Er hat nur seinen Weg im Kopf und auf diesem Weg kennt er markante Punkte, die ihm im Zweifel weiterhelfen, auf dem richtigen Weg zu bleiben.

Ihr Konzept, das Sie in Ihrem Prüfungsgespräch verfolgen, muss in gleicher Weise aus Markierungspunkten bestehen. Es muss einfach und übersichtlich sein, damit es immer präsent ist. Ein gutes Prüfungsgespräch ist geprägt von Dynamik und Fluss. Alles sollte schwingen und fließen. Damit dies gelingt, wäre es müßig, sich mit einem Regelwerk von Verhaltensmustern zu befassen. In der Aufregung und Hektik der Prüfungssituation würden lange Richtlinien nur blockieren und Ihr Vortrag bzw. Ihre Antworten würden verkrampft wirken.

Die Basis für ein gutes Prüfungsgespräch ist das sichere Beherrschen der Fachvokabeln Ihrer Branche. Das ist eine Sache der Vorbereitung. In der Prüfung selbst sollte man sich mit wenigen Regeln begnügen. Es wurde schon dargestellt, dass Antworten im Dreier-Rhythmus Ihren Darlegungen Profil und Fachkompetenz verleihen. Neben dieser Methode soll hier noch ein weiteres Konzept angesprochen werden: Es sind die W-Fragen als Standardkonzept.

Die W-Fragen lauten: Was? bzw. Wer?
Wann?
Warum?
Wie?
Wofür? bzw. Für wen?

In der mündlichen Prüfung sind Sie die Hauptperson. Sie sollen Ihr Wissen präsentieren. Sie sollen sprühen vor Wissen, denn je mehr Fachwissen Sie präsentieren, umso sicherer ist Ihr Erfolg!

Die W-Fragen helfen Ihnen dabei, selbst unter Stress sicher in Ihre Wissenskiste zu greifen, um Ihr Wissen hervorzuholen und zu präsentieren. Während Ihres mündlichen Vortrages liegt das Rede-Stichwort-Skript vor Ihnen. Sie haben die Hauptpunkte markiert und mit Anmerkungen versehen. Wenn sie nun in der freien Rede einen Hauptpunkt nach dem anderen darstellen, sollten Sie erst zum nächsten Punkt übergehen, wenn der erste Punkt vollständig dargelegt wurde. Um dies zu erreichen, benötigen Sie die W-Fragen.

Durch etwas Übung ist es leicht, sich anzugewöhnen, nach diesem Prinzip zu antworten. Erst wenn Sie erläutert haben, **was** der Gegenstand Ihres Hauptpunktes ist bzw. auf **wen** er zutrifft oder **wer** ihn beachten muss, wenn Sie dargelegt haben, **warum** und **wie** der Gegenstand Ihrer Betrachtung von Bedeutung ist und **wofür** er zweckmäßig ist, haben Sie eine vollständige Antwort gegeben und Sie können zum nächsten Punkt übergehen.

Die meisten Prüflinge sind sprunghaft in Ihren Gedanken, wechseln den Standpunkt in ihren Antworten und springen gedanklich von einem Hauptpunkt zum anderen in abwechselnder Folge. Die Antworten wirken daher oberflächlich, unübersichtlich und flach. Die W-Fragen helfen Ihnen, das Thema geordnet abzuarbeiten. Sie bleiben beim Thema und gehen gedanklich sinnvoll voran. Damit diese Methode funktioniert, ist es wichtig, dass Sie sich diese Frageworte fest einprägen. Sie müssen sie auswendig aufsagen können, flüssig ohne nachzudenken. Benutzen Sie Ihre Finger, wenn Sie sie aufzählen. Als nächsten Schritt üben Sie die Anwendung, indem Sie einen spezifischen Fachbegriff aus Ihrem Fachgebiet herauspicken, von dem Sie mit Sicherheit annehmen können, dass er eine Rolle in dem Prüfungsgespräch spielt, und dann testen Sie das W-Fragen-Konzept mit dieser Fachvokabel. Sie stellen sich gedanklich die W-Frage zum Beispiel was? bzw. wer? und beantworten diese Frage laut in nur einem Satz. Dann äußern Sie den nächsten Satz, der die nächste W-Frage beantwortet, dann die dritte, die vierte usw. Sie werden selbst merken, dass Ihre Antworten auf diese Weise Format und Substanz erhalten.

Sollten Sie zu einer der W-Fragen keine Antwort wissen, dann haben Sie eine Lücke entdeckt, das heißt Sie beherrschen diese Fachvokabel noch nicht sicher genug. Um diese Lücke zu schliessen, müssen Sie sich mit der nötigen Fachliteratur beschäftigen und zusätzliches Wissen aufnehmen, damit die offene Frage beantwortet werden kann.

Als weiteren Schritt nehmen Sie sich nun zwei Fachbegriffe vor, die zueinander in einer Beziehung stehen, und bearbeiten Sie diese Fachbegriffe wiederum mit den gedanklich gestellten W-Fragen. Sofort werden Sie bemerken, dass Sie viel zu sagen haben und dass das Gesagte Gewicht bekommt und vollständig klingt. Diese Erfahrung haben Sie gemacht, obwohl Sie nur zwei Begriffe behandelt haben! Stellen Sie sich nun vor, Sie beherrschten auf diese Weise Ihr Fachvokabular! Es gibt keinen Zweifel, der Erfolg liegt in greifbarer Nähe!

Sollten Sie am Anfang Schwierigkeiten haben, in diesem Rhythmus zu antworten, so werden Sie diese Schwierigkeiten nach kurzer Trainingszeit verlieren. Es sollte für Sie etwas Selbstverständliches werden, in dieser aufgezeigten Art zu denken und zu antworten.

Ein weiterer Vorteil des W-Fragen-Konzeptes liegt darin, dass Sie in Ihrem Prüfungsgespräch immer wissen werden, wie es weitergehen soll, selbst dann, wenn Sie einmal ins Stocken geraten sollten. Obwohl diese Methode leicht einzusehen ist, benötigen Sie jedoch eine gewisse Zeit, um sie sicher zu beherrschen. Übung macht auch hier den Meister.

Das hilft mir weiter!

1. In meinen Antworten werde ich die Fachsprache benutzen, denn die Fachvokabeln geben meinen Antworten...

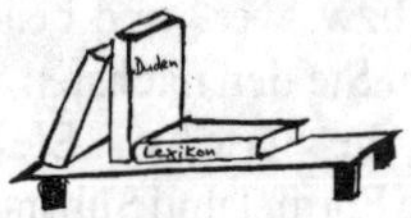

2. Ich habe mir schon einige Beispiele aus meinem Fachgebiet zurechtgelegt, die ich nach Möglichkeit in meine Antworten einstreuen möchte. Es handelt sich um....

3. Mit Hilfe der W-Fragen bekommen meine Antworten Gewicht, weil ich dann..

20. Einfach und genau, das trifft den Kern!

"Die großen Geheimnisse des Universums zeichnen sich durch ihre Einfachheit aus."

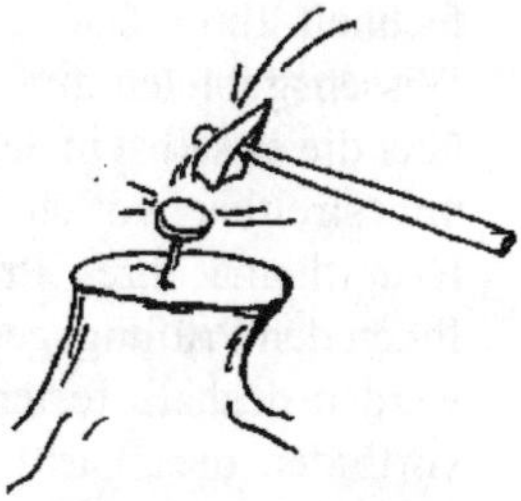

Personen, die ein Thema beherrschen, sind in der Lage durch einfache und genaue Erläuterungen den Kern eines Problems oder einer Angelegenheit zu beschreiben. Die einfache und präzise Darlegung ist deshalb ein Gradmesser, ob ein Prüfling den Sachverhalt beherrscht.

Unsicherheiten äußern sich in allgemeinen, langatmigen und undeutlichen Beschreibungen. Ein Prüfer wird durch die Art der Darlegung bzw. die Genauigkeit Ihrer Antwort schnell herausfinden, ob Sie Ihr Fach beherrschen, wenn er Ihnen zuhört und Ihre Antwort analysiert.

Bei der Vorbereitung ist deshalb auf eine einfache und genaue Darstellung zu achten. Einige Prüflinge glauben, dass ausschweifende Erklärungen ihre Fachkompetenz erhöhen würden, doch das Gegenteil ist der Fall. Eine einfache und genaue Darstellung bedeutet nicht, dass der Prüfling wortfaul ist und in Halbsätzen antwortet. Eine einfache Darstellung führt zum Kern der Frage hin und zwar zielstrebig.

So wie ein Pfeil, der vom Bogenschützen abgeschossen wurde, sein Ziel auf der kürzesten Verbindung sucht und dann in den Mittelpunkt der Zielscheibe trifft, so sollten Ihre Antworten sein. Oder haben Sie schon einmal einen Pfeil beobachtet, der auf dem Weg zu seinem Ziel einen kleinen Umweg einlegt oder Pirouetten dreht, bevor er das Ziel trifft? Bei den Antworten in einem mündlichen Prüfungsgespräch ist es jedoch immer wieder zu beobachten, dass Schlenker und gedankliche Umwege eingebaut werden.

Wie kann man ein kompliziertes Thema einfach beschreiben? Ist das nicht ein Widerspruch?

Nein, denn ein kompliziertes Thema erscheint dem Laien als kompliziert, dem Fachmann jedoch nicht. In der mündlichen Prüfung sollen Sie zeigen, dass Sie Ihre fachliche Kompetenz besitzen und daher ist die Einfachheit Ihrer Darlegung der Gradmesser, dass dem so ist. Auf einigen Wissensgebieten gibt es natürlich Felder, die noch nicht erforscht sind oder über die es selbst in der Fachwelt geteilte Meinungen gibt. Diese Themen, die unbestreitbar vorhanden sind, werden jedoch mit Sicherheit nicht das Hauptthema Ihres Prüfungsgespräches sein. Die Prüfungsordnung nennt Ihnen den Prüfungsgegenstand und die in Betracht kommenden Themen. Sie werden deshalb festen Boden unter Ihren Füßen haben, das heißt Themen vorfinden, die unstrittig in der Fachwelt sind.

Wie kann sich ein Prüfling in einer einfachen Darstellung von Sachverhalten üben? Eine gute Empfehlung ist es, sich einen Laien vorzustellen und ihm ein spezielles Thema verständlich zu machen. Genau das wollen Prüfer hören und sehen. Aber genau dieser Punkt ist für Prüflinge eine große Herausforderung. Um dieses Ziel zu erreichen, muss gedanklich gegliedert werden.

Das Problem der Fragestellung muss je nach dem Schwierigkeitsgrad gegliedert werden. Je stärker Sie teilen, umso genauer und zielsicherer wird Ihre Antwort ausfallen und desto einfacher wird es dann für Sie, die einzelnen Teile zu beschreiben. Gelingt es Ihnen nicht einen Teilbereich einfach darzustellen, so ist dieser Teilbereich noch zu komplex; er muss dann noch weiter aufgeteilt werden, denn dann werden diese Teilprobleme genauer erscheinen und einfacher in der Darstellung sein.

Einfachheit und Genauigkeit hängen daher zusammen. Das eine bedingt das andere. Teilen Sie deshalb gedanklich, um erfolgreich beschreiben zu können.

Wie stark Sie teilen müssen ist jedoch abhängig von der Fragestellung. Die Fragestellung kann ein großes Gebiet Ihres Fachgebietes berühren. Dann genügt es, in großen Teilen die Antwort zu gliedern. Wenn ein Pilot den Frankfurter Flughafen anfliegen will, dann benötigt er keinen Stadtplan von Frankfurt, um zu wissen, wo sich der Flughafen befindet, auch wenn er das erste Mal diesen Ort anfliegen muss. Er benötigt andere Orientierungspunkte, die grob und markant sind. Wenn er seinen Flug, sagen wir von New York aus, beginnt, dann reicht es ihm zuerst, nur die Richtung zu kennen. Wenn er sich dann über der Stadt befindet, benötigt er genauere Angaben, die ihm der Kontrollturm des Flughafens angeben wird oder die er auf seiner Karte ablesen kann. Erst wenn der Pilot gelandet ist und zu seinem

Hotel mit einem Mietwagen unterwegs ist, kommt er ohne Stadtplan nicht mehr aus, wenn er ortsfremd ist.

Durch dieses Beispiel erkennen Sie, auf welche Art und Weise gegliedert wird und wie genau Sie in Ihrer Darstellung zu welchem Zeitpunkt sein müssen. In allen beschriebenen Phasen muss der Pilot auf Genauigkeit achten, denn sonst gefährdet er sich selbst und seine Passagiere. Ungenauigkeiten beim Start in der Wahl der Richtung würde bedeuten, dass er sein Ziel verfehlen würde. Ungenauigkeiten beim Landeanflug würde ihn und andere gefährden. Ein ungenauer Stadtplan, vielleicht nur eine flüchtig entworfene Handskizze, würde dem Piloten unnötig Zeit kosten, sein Ziel zu erreichen.

Bei der Betrachtung dieses Bildes, leuchtet Ihnen der beschriebene Grundsatz der einfachen und zugleich genauen Darstellung sicherlich ein. Genauso ist es auch in Ihrer mündlichen Prüfung. Denn wer könnte bestreiten, dass Prüflinge sich nicht schon verflogen haben oder abgestürzt sind?

Wenn Sie in Ihrer Prüfungsvorbereitung an diesem Punkt der einfachen und genauen Darstellung beharrlich arbeiten, werden Sie einen guten Start in Ihrem mündlichen Prüfungsgespräch haben und auch sicher landen.

Notenspiegel

In den schriftlichen und praktischen Fächern habe ich folgende Ergebnisse erzielt:

1. Teilbereich

a) Fach: __________ Note (Punkte)
b) Fach: __________ Note (Punkte)
c) Fach: __________ Note (Punkte)
d) Fach: __________ Note (Punkte)

Durchschnitt 1. Teilbereich ____ Note (Punkte)

2. Teilbereich

a) Fach: __________ Note (Punkte)
b) Fach: __________ Note (Punkte)
c) Fach: __________ Note (Punkte)
d) Fach: __________ Note (Punkte)

Durchschnitt 2. Teilbereich ____ Note (Punkte)

3. Praktischer Bereich

a) _______________ Note (Punkte)
b) _______________ Note (Punkte)
c) _______________ Note (Punkte)

Durchschnitt praktische Fächer ____ Note (Punkte)

Gesamtdurchschnitt ____ Note (Punkte)

21. Vollständig und klar!

"Bevor Sie machen eine Aufstellung von die Cassette, Sie machen verbindlich eine winzigen Drück auf die Display in Beobachtung von das Lamp rot." (Bedienungsanleitung für einen Videokassettenrekorder übersetzt aus dem Japanischen.)

Weniger ist manchmal mehr!

Eine Beschreibung in der obigen Art lässt uns schmunzeln, doch denjenigen, der die Information benötigt, um seinen Recorder zum Laufen zu bringen, bringt eine solche Beschreibung sicherlich an den Rand der Verzweiflung. Da fehlt doch was! Oder wüssten Sie wo, wie und warum der winzige "Drück" gemacht werden muss?

Wenn Prüflinge in ihrer mündlichen Prüfung in ähnlicher Weise ihren Vortrag halten bzw. ihre Antworten aufbauen, entsteht in den Köpfen der Prüfer genau derselbe Eindruck, den der Benutzer des Recorders von dieser Bedienungsanleitung hat.

Der Prüfling muss in seiner Darstellung unbedingt auf Vollständigkeit und Klarheit achten. Leidgeprüfte Prüfer wissen zu berichten, dass auf gestellte Fragen nicht nach dem Kern der Fragestellung geantwortet wird. Immer wieder kommt es vor, dass am Thema vorbei argumentiert wird. Der Prüfling präsentiert dann Wissen, das jedoch nicht zu der Frage passt. Zurück bleibt dann Unverständnis und eine schlechte Beurteilung.

Obwohl den meisten Prüflingen bewusst ist, dass ihre Darstellung vollständig und klar sein muss, ist in der Praxis bei der Vorbereitung auf die mündliche Prüfung große Hilflosigkeit zu beobachten. Die Frage ist deshalb angebracht, wann denn eine Antwort oder eine Ausführung vollständig ist und was es bedeutet, dass sie auch klar ist. Ein Beispiel soll uns helfen, diesen Punkt zu verstehen.

In den meisten größeren Möbelkaufhäusern gibt es eine Abteilung für Kleinmöbel. Diese Kleinmöbel sind besonders preiswert, weil von dem Käufer erwartet wird, dass er mit einem Schraubenzieher - dieser wird oft mitgeliefert - selbst die Montage vornimmt. Der Käufer erhält dann ein Paket, in dem alle Teile, das Zubehör und eine Bedienungsanleitung auf kleinstem Raum zusammengelegt sind und oft lässt das Paket nicht vermuten, dass aus dem Inhalt eines verhältnismäßig kleinen Paketes eine Kommode für die Diele werden soll. Die Aufschrift auf dem Paket verspricht, dass selbst ungeübte Personen diese Arbeit bewältigen können.

Nehmen wir an, Sie hätten sich für den Kauf einer solchen Do-it-yourself-Kommode entschlossen, seien nach einer Fahrt von 35 Kilometern zu Hause angekommen und wollten sich an das Werk machen in voller Erwartung des versprochenen Erfolges. Nach der Bedienungsanleitung besteht die erste Aufgabe darin, alle Teile vor sich auf den Boden zu legen und die Materialliste zu überprüfen.

Welches Gefühl würde Sie nun beschleichen, wenn Sie bei diesem Checkup feststellten, dass von den 4 Füßen einer fehlte. Es ist zwar im Verhältnis zum Gesamtumfang nur eine Winzigkeit, doch aber eine entscheidende. Bevor wir nun gedanklich an unserer Kommode weiter herumbasteln, springen wir in unser mündliches Prüfungsgespräch zu Ihrem Vortrag bzw. zu Ihren Antworten.

Welchen Eindruck werden Ihre Prüfer von Ihrer Darlegung haben, wenn sie bemerken, dass ein entscheidender Punkt in Ihren Ausführungen fehlt? Kennen Sie den Aufwand, den es bedeutet, ein Ersatzteil zu besorgen? Welchen Aufwand müssten Sie betreiben, um den vierten Fuß für Ihre Kommode zu besorgen? 35 Kilometer erneute Autofahrt, die Verhandlungen mit dem Fachpersonal, die Überzeugungsarbeit, dass dieses Teil wirklich fehlte und dann noch vertröstet zu werden, weil dieser Artikel das letzte Stück gewesen sei und eine Nachlieferung ca. vier Wochen in Anspruch nehmen werde - das alles stünde Ihnen bevor.

Wenn Sie diesen Aufwand kennen oder nachempfinden können, dann werden Sie sich vorstellen können, wie das Prüfungsgespräch nach Ihrem Vortrag beginnen wird und wie es weitergehen wird. Kostbare Zeit geht verloren, in der Sie anderes Wissen hätten präsentieren können, weil Ihre Darlegung nicht vollständig war. Vollständig ist Ihre Ausführung, wenn die Teile, die zueinander gehören, genannt sind und zueinander passen.

Einen Punkt vollständig zu bearbeiten, kann man üben. In Ihrer Darlegung sollten Sie daher nicht zu schnell zu einem anderen Hauptpunkt überleiten, bevor Sie nicht den Eindruck haben, dass der vorgenannte Punkt vollständig dargelegt wurde. Weniger Hauptpunkte behandelt, jedoch vollständig erläutert, ist in diesem Fall mehr.

Greifen wir nun das Beispiel von unserer Do-it-yourself-Kommode noch einmal auf. Angenommen Sie hätten alle Teile geprüft und keines würde fehlen. Nun stellen wir uns vor, Sie gingen ans Werk, um die Kommode zusammenzubauen. Alle Arbeiten gingen Ihnen verhältnismäßig reibungslos von der Hand und Sie kämen gut voran. Beim Einsetzen der letzten Schublade bemerkten Sie jedoch, dass eine Nut vergessen wurde zu fräsen, so dass die Schublade klemmt und nicht auf diese Weise zu benutzen ist. Sie bemerkten, dass es sich offensichtlich um einen Produktionsfehler handelt. Das Teil ist zwar vorhanden, jedoch fehlerhaft.

Übertragen auf das Prüfungsgespräch kann das bedeuten, dass der Prüfling sich in dem Thema gut zurechtfindet, aber er merkt durch Zwischenfragen, dass seine Prüfer immer wieder einen bestimmten Punkt berühren. Offensichtlich "klemmt" es in der Argumentation. Wurde etwas vergessen?

Diese Situation kommt häufig vor, weil der Prüfling nicht immer alles ausspricht, was er zu einem Thema denkt. Gedanklich ist für ihn die Sache komplett, die Prüfer beurteilen ihn jedoch aufgrund des Gesagten und haben den Eindruck, dass die genannten Punkte nicht richtig zueinander passen wollen.

Auch in diesem Fall muss durch Übungen in der Vorbereitung auf die mündliche Prüfung Sicherheit in einer vollständigen Darlegung erworben werden. Manche Prüflinge verwechseln eine vollständige Darlegung mit einer Darlegung auf einem höheren Schwierigkeitsgrad. Doch das ist nicht gemeint.

Vollständig ist Ihr Vortrag, wenn alle Elemente Ihres Themas benannt sind, die zueinander gehören. Das bedeutet, verglichen mit dem Kommodenbeispiel, dass alle Teile vorhanden sind und zueinander passen. Es bedeutet jedoch nicht, dass Sie wie ein Schreinermeister eine Küche einbauen müssten. Bleiben Sie also beim Thema. Die Anwendung der schon in einem vorherigen Kapitel erläuterten Methode "Antworten im Dreier-Rhythmus" und "das W-Fragen-Konzept" wird Ihnen eine Hilfe sein, vollständig in Ihren Ausführungen zu sein.

Ihre Antworten müssen nicht nur vollständig, sondern auch klar sein. Klar bedeutet, dass Ihre Gesprächspartner wissen, was Sie meinen. Klare Sicht haben Sie, wenn Sie bei gutem Wetter auf einer Anhöhe stehen und Ihre Blicke weit schweifen lassen können. Bei guter Fernsicht erkennen Sie die Gegenstände in Ihrer unmittelbaren Nähe gleichermaßen gut wie in der Ferne. Der Übergang ist fließend möglich. Klare Antworten, Klarheit im Vortrag bedeutet, dass Sie verbal diese Übergänge sichtbar machen. Der sichere Gebrauch Ihres Fachvokabulars wird Ihnen hierbei eine große Hilfe sein.

Die Ursachen von Missverständnisssen in der Familie oder im Betrieb sind oft darauf zurückzuführen, dass Anweisungen und Aussagen unvollständig und unklar sind. Im Geschäftsleben können diese Missverständnisse teuer werden. Was halten Sie von einem Notizzettel, den Sie nach der Rückkehr von Ihrer Mittagspause auf Ihrem Schreibtisch vorfänden mit der Aufschrift: "Sie erhielten einen Anruf und werden gebeten dringend zurückzurufen!"

Wen sollen Sie zurückrufen? Wer hat angerufen? Warum wurde angerufen? Wer legte Ihnen diese Nachricht auf Ihren Schreibtisch? Was ist so dringend in dieser Angelegenheit? Das sind Aussagen, die fehlen. Obwohl Ihnen eine Information gegeben wurde, ist sie unvollständig und unklar und damit für Sie wertlos.

In Ihrem Vortrag und in Ihrer Argumentation wollen Sie jedoch erreichen, dass die Prüfer Ihrer Darlegung einen guten Wert beimessen, denn Sie wollen erfolgreich das Prüfungsgespräch gestalten. Dieses Ziel werden Sie erreichen, wenn Ihre Aussagen vollständig und klar sind.

> Mit dem Mund zu stolpern ist schlimmer als mit dem Fuß.
>
> Westafrikanisches Sprichwort

22. Die Gliederung des Vortrags

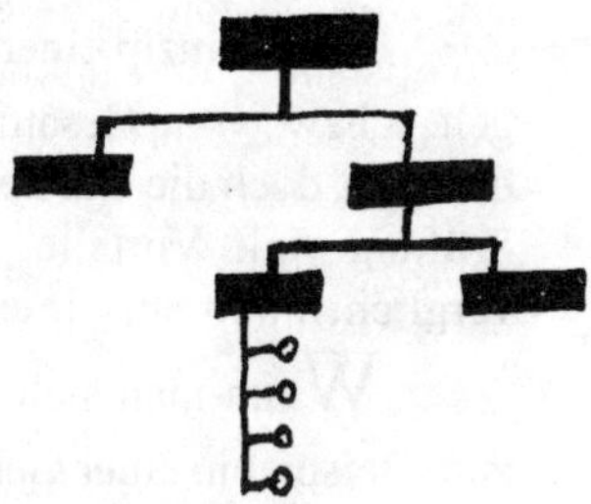

"Manchmal habe ich den Eindruck, dass die Prüflinge gedanklich bei ihren Antworten durch einen Steinbruch laufen und Gesteinsbrocken sammeln. Mit den gleichen Steinen könnte man auch ein Haus bauen!", sagte ein Prüfer nach einem anstrengenden Prüfungstag.

Warum wohl hatte der Prüfer diesen Eindruck und sah sich zu dieser Äußerung veranlasst? Er äußerte sich weiter: "Immer wieder bekomme ich Wissenbrocken hingeworfen, die in sich einen richtigen Kern tragen, aber unbehauen und ungeschliffen sind. Es fehlt vielen Prüflingen die Fähigkeit strukturiert zu denken!"

Ein Haus besteht nicht nur aus Steinen, sondern hat noch andere Merkmale, wie das Dach, die Fenster, den Keller, den Garten usw. Wer ein Haus bauen will, kann diese Arbeit einteilen in eine Planungsphase, die wiederum unterteilt werden kann in eine Finanzierungsplanung und Bauplanung. Weiter kann eingeteilt werden in eine Ausführungsphase, die in verschiedene Bauabschnitte unterteilt werden kann mit den Ausführungen der entsprechenden Gewerke usw.

Würde man nun einem Gesprächspartner sagen, dass man sich ein Haus baut, sich gerade in der Planungsphase befindet und der Bauantrag bereits beim Bauamt eingereicht wurde, so erhält der Gesprächspartner einen konkreten Eindruck über den Stand der Dinge.

Eine gute Gliederung gibt Ihrem Vortrag Format und Struktur. Eine gute Struktur erhöht Ihre Fachkompetenz, weil nur derjenige gliedern kann, der den Gesamtüberblick hat.

In Ihrem Vortrag ist eine gute Gliederung schon deshalb von Wichtigkeit, weil die zur Wahl gestellten Themen stets größere Teilgebiete des Prüfungsstoffes beinhalten. Bevor Sie mit Ihren Ausführungen ins Detail gehen, sollten Sie den Themenbereich der Aufgabe einordnen und zeigen, in welchem Verhältnis der Themenblock zum gesamten Wissensgebiet steht und welche Untergliederungspunkte zu diesem Thema zu nennen sind. Die

Darstellung der Gesamtgliederung lässt für die Prüfer erkennen, dass Sie sich auskennen. Im Übrigen haben Sie Punkte genannt, die sich vorteilhaft für Ihre Beurteilung auswirken werden, selbst wenn im Prüfungsgespräch dann nicht alle Gliederungspunkte berührt werden.

Das Prinzip einer guten Gliederung ist: vom Großen zum Kleinen zu gehen bzw. vom Gesamten ins Detail. Der umgekehrte Weg ist ebenfalls denkbar, doch die Darstellung vom Großen ins Kleine hat für die mündliche Prüfung viele Vorteile. Diese Vorgehensweise kann mit dem Zoomeffekt verglichen werden, wie er bei Fotokameras und Fernrohren bekannt ist.

Wenn man sich im Gebirge befindet und ein Fernrohr benutzt, um zum Beispiel in einer Gebirgswand einen Kletterer zu entdecken, würde man dann gleich mit der schärfsten Einstellung beginnen? Bestimmt nicht, denn man würde den Überblick auf das Gesamtgebirgspanorama verlieren. Will man mit dieser Einstellung des Apparates den Blick in die Gebirgswand eines anderen Berges richten, so fällt es dem Ortsunkundigen schwer die richtige Stelle zu finden, weil sich bei einer Großaufnahme die Strukturen verwischen. Wenn nun das Zoom ein Stück zurückgefahren wird, so dass sich jetzt wieder das gesamte Bergmassiv erkennen ließe, dann könnte man die gewünschte Stelle anvisieren und dann wieder auf die Nahaufnahme gehen, um dann die gewünschten Feinheiten zu erkennen.

Auf Ihren mündlichen Vortrag und das Prüfungsgespräch übertragen bedeutet das, dass Sie stets einen Hauptgliederungspunkt nennen sollten, bevor Sie auf einen anderen Detailpunkt eingehen. Dieser kleine Umweg hilft Ihnen und auch Ihren Gesprächspartnern, Sachpunkte nicht zu verwechseln, weil alle Beteiligten erkennen, wo Sie sich gerade in dem Themenbereich befinden.

Das "Zoomen" will geübt sein! Anhand Ihres Rede-Stichwort-Skriptes können Sie sich jedoch gut orientieren, ohne aus dem Gleichgewicht zu kommen, auch wenn Sie bei der Erläuterung eines Detailpunktes durch eine kurze Zwischen- oder Vertiefungsfrage von Ihrem Prüfer unterbrochen werden.

Sollten Sie in der Gliederung von Themen unerfahren sein oder sollte Ihnen diese Arbeitsweise schwer fallen, dann nehmen Sie sich eines Ihrer Fachbücher zur Hand und studieren Sie dort die Gliederung des Inhaltsverzeichnisses. Fragen Sie sich, wie und in welchem Verhältnis die Hauptgliederungspunkte zu den Untergliederungspunkten stehen und warum wohl der Autor gerade diese Gliederung gewählt hat. Überlegen Sie dann, ob auch eine andere Gliederung möglich gewesen wäre und welche anderen

Aspekte dann durch eine andere Gliederung zum Vorschein gekommen wären. Nach einiger Zeit werden Sie das richtige Gefühl für das Ganze bzw. für die Teilbereiche bekommen.

Strukturiertes Denken ist eine Fähigkeit, die erlernt werden muss, weil der natürliche Drang stets zum Detail strebt. Der Überblick hilft Ihnen jedoch, Sachverhalte nicht zu verwechseln oder Punkte zu verbinden, die nichts miteinander zu tun haben. Obwohl für Ihr mündliches Prüfungsgespräch eine gute Gliederung Ihre Fachkompetenz erhöht, sollten Sie jedoch nicht zu stark gliedern, wie zum Beispiel in einem Lehrbuch auf folgende Weise gegliedert werden könnte: Punkt 1.; Punkt 1.1., 1.2,1.3; Punkte 1.1.1; 1.1.2; 1.1.3; 1.1.4; usw. Eine solche Feingliederung eignet sich für ein Buch, nicht jedoch für ein Gespräch, weil Sie sich im Gespräch leicht verheddern könnten und auch Ihre Gesprächspartner sich nicht alle diese Unterpunkte einer Feingliederung merken könnten.

Die Gliederung selbst können Sie mit Zahlen, 1., 2., 3., oder mit Buchstaben, a), b), c), vornehmen. In einem guten mündlichen Prüfungsgespräch sollten jedoch nicht zu viele Punkte genannt werden. Aufzählungen bis fünf Punkte sind nützlich und Gruppeneinteilungen bis drei sind übersichtlich und auch in einem Prüfungsgespräch bearbeitungsfähig. Dabei muss nicht unbedingt bei der Aufzählung mit Ziffern und Buchstaben gearbeitet werden, sondern die logische Aufzählung von Sachbegriffen reicht schon aus, um Ihrem Vortrag Struktur und Gestalt zu geben.

Welche Art am besten geeignet ist, lässt sich nicht von vorneherein ausmachen, sondern ist davon abhängig, was in Ihrer Branche üblich ist oder von dem Thema und Ihrer persönlichen Vorliebe. Wählen Sie die Methode, die Ihnen am besten zusagt, doch verzichten Sie nicht auf die Gliederung. Der Erfolg wird Ihnen dann sicher sein.

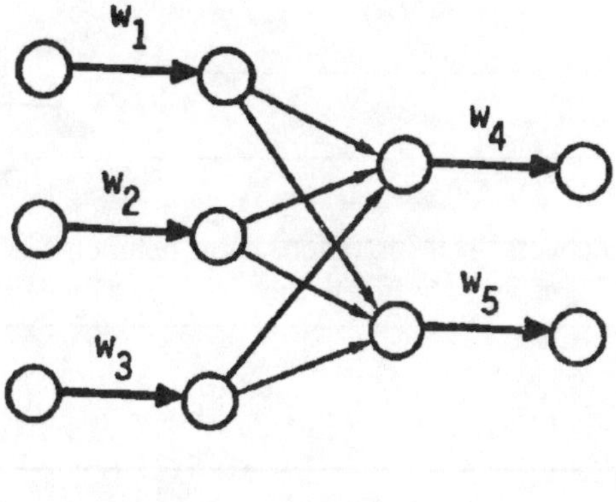

Darauf will ich achten!

1. Meine Antworten werden einfach und genau sein, wenn ich...

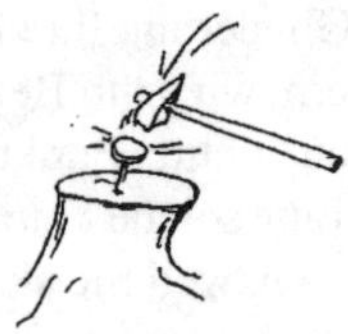

2. Meine Antworten werden vollständig und klar sein, wenn ich darauf achte, dass...

3. Eine gute Gliederung hilft mir und den Prüfern, weil....

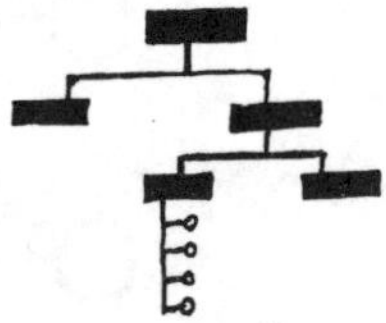

23. Setzen Sie den Punkt!

"Sind Sie mit Ihrem Vortrag zum Ende gekommen?", erkundigte sich der Prüfer fragenden Blickes beim Prüfling.

"Ich glaube schon!", war die Antwort. In einem guten Prüfungsgespräch sollte man sich nicht erkundigen müssen, ob das Ende der Ausführungen erreicht ist oder nicht. Das gilt für den Vortrag genauso wie für die Antworten.

Alle Beteiligten sollten erkennen können, dass das Ende der Ausführungen erreicht ist und dass ein neues Thema beginnen kann. Der Kenner beherrscht die Zeit! Lange Reden bergen die Gefahr in sich, dass Gedanken unnötig wiederholt werden, dass Aussagen geäußert werden, die sich widersprechen, und dass der Redner am Ende nicht mehr den ursprünglichen Gedanken seiner Ausführungen weiß. Weiterhin besteht die Gefahr, dass der Prüfungsausschuss den Vortrag unterbricht, weil die Zeit begrenzt ist und das Fachgespräch beginnen soll.

Der Prüfling muss sich vor dem Beginn der Prüfung im Klaren sein, dass in dem Fachgespräch nur ein Teil seines gesamten Wissens zur Sprache kommen kann. Es wird ein Eindruck vermittelt, quasi eine Stichprobe. Die Stichprobe ist nur ein Teil des Ganzen und sollte in sich abgerundet sein, so dass von dem Teil auf das Ganze geschlossen werden kann.

Die Stichprobe Ihres Wissens sollte repräsentativ sein, das heißt die Miniatur sollte dem Gesamten entsprechen. Langatmige Gedankengänge helfen hier nicht weiter. Die Komposition Ihres Vortrages sollte ein wohlgeordneter kurzer Eindruck sein.

Sollten Sie ein Thema gestellt bekommen, über das sich sehr leicht zwei bis drei Stunden referieren ließe, so bedeutet das bei einer Vortragszeit von beispielsweise zehn Minuten, dass alle Einheiten zwölf- bis achtzehnmal knapper dargestellt werden müssen. Ihr Rede-Stichwort-Skript wird Ihnen dabei helfen, den Bogen zu finden. Weniger Hauptpunkte klar herausgestellt sind besser, als viele Punkte undeutlich anzutippen.

Ihr Vortrag sollte nicht durch die Länge, sondern durch die Qualität Ihrer Ausführungen bestechen. Die Tatsache, dass in zehn Minuten weniger gesagt werden kann als in einer Stunde, ist klar; das wissen auch Ihre Prüfer. Setzen Sie daher den Gedankengang zu ausladend an, so vermitteln Sie eher den Eindruck von Unsicherheit als von Fachkompetenz.

Setzen Sie also den Punkt. Ihr Vortrag ist der Auftakt des Gespräches, so wie die Overtüre einer Oper den Anfang der musikalischen Darbietung darstellt. Die Overtüre lässt jedoch die Hauptthemen erklingen, die später noch ausführlicher ausgebaut werden. So sollte auch Ihr Vortrag sein. Ihre Prüfer werden auf die Hauptthemen zurückgreifen, die Sie anklingen ließen, und im Fachgespräch werden Sie dann Gelegenheit haben, weitere Anmerkungen anzubringen.

Knappe und klare Ausführungen geben Ihrem Vortrag nicht nur Dynamik, sondern erleichtern Ihnen Ihren Vortrag, weil knappe Ausführungen übersichtlicher sind. Kommen Sie also schnell zu den wesentlichen Punkten Ihrer Aussage. Setzen Sie zügig Ihre Gedanken. So wie ein Flugzeug einen Ort ansteuert, um dort gezielt Hilfsgüter abzusetzen, die dann an Fallschirmen zur Erde gleiten, so sollten auch Ihre Hauptgedanken Ihres Vortrages ihr Ziel erreichen. Wenn der Prüfungsausschuss dann später im Fachgespräch die "gelandeten Pakete" auszupacken beginnt und noch einige Überraschungen entdecken kann, wie Sie durch eine gezielte Darstellung durch die Nennung und Erläuterung der entsprechenden Fachvokabeln Ihr Wissen nachschieben können, dann wird das Ihre Fachkompetenz steigern.

Den Punkt setzen heißt auch, eine Aussage stehen zu lassen und betrachten zu lassen. Damit Ihre Aussagen Hand und Fuß haben, hilft Ihnen die schon beschriebene Methode "Antworten im Dreier-Rhythmus" weiter. Durch diese Technik werden Ihre Antworten stets den Charakter von Vollständigkeit haben, auch wenn die Gedanken nur kurz dargestellt werden müssen.

Den Punkt setzen bedeutet aber nicht, in unvollständigen Sätzen zu antworten oder wortfaul zu sein, sondern es bedeutet präzise in der Einfachheit der Ausführungen zu sein unter dem Motto: In der Kürze liegt die Würze. Nur kurz zu sein, ist fad. Pfeffer bekommen Ihre Darlegungen durch die Nennung und sichere Anwendung Ihres Fachvokabulars.

24. Die Technik des mündlichen Vortrags

"Als mich die Prüfer aufforderten an die Tafel zu gehen und eine Skizze anzufertigen, war ich überhaupt nicht auf diese Situation eingestellt und ich wurde blass vor Schreck!", erklärte eine Juristin nach ihrem Prüfungsgespräch.

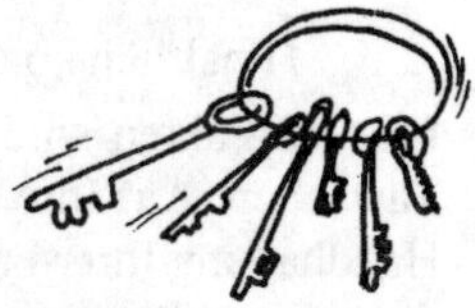

Fakten sind die Schlüssel für Ihren Erfolg!

Immer häufiger werden in dem mündlichen Prüfungsteil moderne Hilfsmittel für die Präsentation zugelassen. Es können beispielsweise ein Overheadprojektor, ein Flipchart oder eine Tafel zur Verfügung stehen.

Sollten diese Hilfsmittel bei Ihrer Prüfung benutzbar sein, macht der Einsatz dieser Mittel auf den Prüfungsausschuss stets einen selbstbewussten Eindruck. Die Neugierde Ihrer Prüfer auf das, was Sie dort veranstalten werden, wird bewirken, dass Ihre Ausführungen stärker im Gedächtnis haften bleiben und die Prüfer im Beratungsgespräch und Beurteilungsgespräch Ihren mutigen Einsatz würdigen werden.

Sie sollten vor der Prüfung wissen, ob diese Medien zum Einsatz kommen können. Eine gute Skizze erleichtert Ihnen die Darstellung Ihrer Gedanken und vermittelt den Eindruck von Vollständigkeit.

Schon in der Vorbereitungszeit auf Ihren mündichen Vortrag sollten Sie sich eine passende Skizze vermerken. Der Einsatz dieser Medien bedeutet jedoch für Sie als Prüfling, dass Sie sich von Ihrem Sitz erheben müssen, dass Sie sich vor Ihren Prüfern frei bewegen und auch Erläuterungen im Stehen geben müssen.

Personen, die sich nicht gründlich auf eine solche Situation vorbereiten, wirken hilflos, verkrampft und unsicher. Für Personen, die es nicht gewohnt sind, vor einer Gruppe zu sprechen, stellt dieser Teil des Prüfungsgespräches eine besondere Herausforderung dar.

Doch dieser Teil kann sehr gut vor der Prüfung geprobt werden und der Eindruck, den Sie auf die Prüfungskommission machen, wird sich in jedem Fall günstig für Sie auswirken. Haben Sie also Mut und trauen Sie sich etwas zu!

Sollten Sie Ihren Vortrag im Sitzen darlegen, so ist der Augenkontakt, natürliche Gesten und eine deutliche Sprechweise das, was Ihr Selbstbewusstsein unterstreicht.

Inhaltlich kommt es jedoch auf Fakten an. Nennen Sie Fakten, Fakten, Fakten! Fakten sind der Schlüssel zum Erfolg. Fakten sind nachweisbare Tatsachen. Auf Ihre Prüfung bezogen: Äußern sich Fakten in einer sicheren Handhabung Ihrer Fachsprache. Die Nennung der richtigen Fachvokabeln ist das, was zählt!

Das ist nun Ihre Tafel. Entwerfen Sie bitte eine Skizze, die Sie in Ihrem Prüfungsgespräch verwenden könnten! (Siehe auch Seite 106)

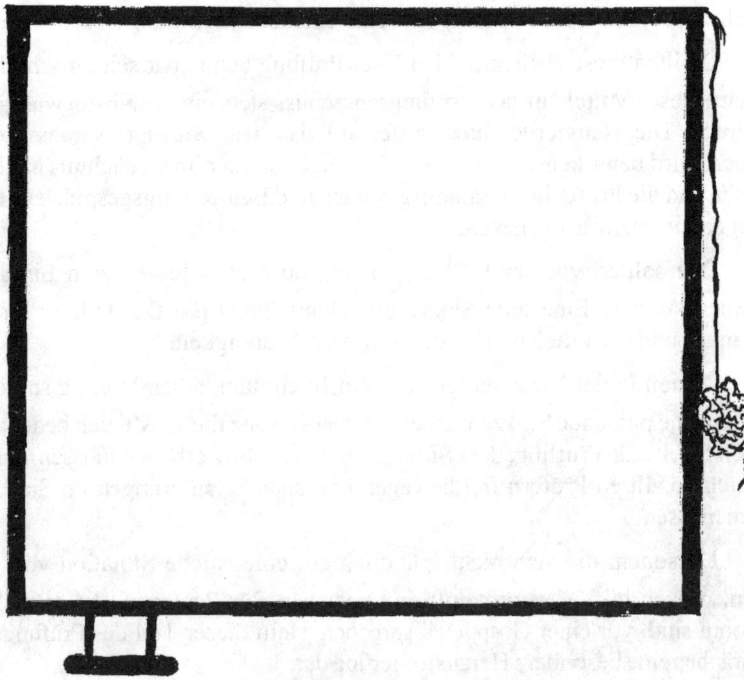

25. Die Vortragsweise trainieren

"Wenn ich nur wüsste, wie ich mich in meiner Sprechweise verbessern kann!", sagte eine Auszubildende zu ihrem Lehrer, er gleichzeitig Mitglied eines Prüfungsausschusses war.

Da kein Redner vom Himmel gefallen ist und es nicht jedermanns Sache ist, große Erläuterungen zu geben, sollen hier einige Tipps gegeben werden, die Ihnen helfen, sich in Ihrer Vortragsweise zu verbessern.

Zuerst einmal sei gesagt, dass Ihre Prüfer nicht davon ausgehen, dass Sie einen Vortrag in weltmännischer Manier halten werden. Ihr Prüfungserfolg hängt eher von dem ab, was Sie sagen, als von dem, wie Sie es sagen. Natürlich erleichtert es das Gespräch und damit Ihren Prüfungserfolg, wenn Sie in der Lage sind, flüssig Ihre Gedanken vorzutragen. Doch das, was Sie als flüssiges Vortragen empfinden, mag sich für Ihre Zuhörer ganz anders darstellen.

Wie kann man sich also in seiner Vortragsweise verbessern? Ein guter Tipp ist es, wenn Sie bei der Prüfungsvorbereitung Ihre Gedanken und Antworten auf ein Tonband aufnehmen. Üben Sie mit dem Tonband! Am Anfang mag es sich grauenhaft anhören, doch mit der Zeit werden Sie schnell Fortschritte feststellen können.

So wie Sie sich vom Tonband hören, so hören es auch Ihre Prüfer. Achten Sie bitte darauf, wie lang die Pausen zwischen den Sätzen sind. Sind die Sätze zu lang? Wirken sie überzeugend? Sind die geäußerten Gedanken logisch?

All diese Punkte können Sie optimal überprüfen, wenn Sie sich mit dem Tonband kontrollieren. Gefällt Ihnen Ihr Vortrag nicht, dann versuchen Sie es nach einer Aufnahme gleich ein zweites Mal, dann ein drittes Mal und auch ein viertes Mal! Üben Sie so lange, bis Sie selbst zu der Meinung kommen, dass Ihr Vortrag gut ist.

Wenn Sie Ihren Vortrag anhand des Tonbandes überprüfen, so achten Sie darauf, ob Sie im Dreier-Rhythmus antworten. Sobald Sie Fortschritte gemacht haben, üben Sie Ihren Vortrag, indem Sie sich vor einen Spiegel setzen und beobachten Sie sich beim Sprechen selbst. Zu Beginn wird Ihnen das komisch vorkommen, doch bedenken Sie, so wie Sie sich sehen, so sehen Sie auch Ihre Prüfer. Wenn Sie Ihrem eigenen Blick ausweichen oder nicht standhalten können, wie sollten Sie es dann können, wenn Sie vor Fremden sitzen und sprechen?

Üben Sie auf diese Weise, bis Sie zu sich selbst sagen können: "Ja, so wird es gehen!" Noch ein Wort zur Warnung! Versuchen Sie nicht eine Show einzutrainieren. Übertreibungen schaden Ihnen mehr als sie nützen. Natürlichkeit und Bescheidenheit sind angesagt.

Aus Ihrer Haltung und Ihrer Sprechweise sollte zu erkennen sein, dass Sie innerlich hinter dem stehen, was Sie sagen und dass Sie von dem Inhalt Ihrer Aussagen überzeugt sind. Versuchen Sie nicht jemanden zu imitieren, sondern lassen Sie Ihre Persönlichkeit wirken!

E

DAS GESPRÄCH

26. Den Anfang des Gedankenfadens finden!

"Als der Prüfer die Fragen an mich richtete, wusste ich nicht, wo ich und wie ich beginnen sollte!", berichtete ein Kfz-Meister nach seiner mündlichen Prüfung.

Nicht zu wissen, wie man beginnen soll, ist nicht nur auf die Nervosität des Prüflings zurückzuführen, sondern hängt mit der Art der Fragestellung am Beginn des Prüfungsgespräches zusammen. Ein Prüfer berichtete: "Wir Prüfende wissen aus eigener Erfahrung, dass die Prüfungskandidaten oft sehr aufgeregt sind. Wir wollen ihnen den Einstieg etwas erleichtern, indem wir das Prüfungsgespräch mit einer etwas allgemeineren Frage beginnen. Damit wollen wir dem Prüfling die Möglichkeit geben, durch die Art der Antwort das Prüfungsgespräch zu lenken, je nachdem welchen Schwerpunkt er in seiner Antwort wählt."

Diese gut gemeinte Vorgehensweise ist es jedoch, die den Anfang für den Prüfling erschwert. Eine Frage, die etwas breiter angelegt ist, die mehrere Möglichkeiten bietet, verwirrt so manchen Prüfling, weil er meint, er müsse auf alle Aspekte der Fragestellung gleichermassen eingehen, denn er will ja seine Sache gut machen. Hinzu kommt, dass er sich nicht gleich für die Wahl eines Hauptgedankens entscheiden kann, mit den er beginnen soll. Oft ist es zu beobachten, dass der Prüfling gedanklich von einem Hauptpunkt zum anderen hin- und herspringt, seine Rede unterbricht, das Gesagte verwirft und neu beginnt. Wird das Gespräch gedanklich eingeengt, so verliert sich diese Schwierigkeit in den meisten Fällen, weil dann der "Faden", das heißt das gemeinsame Thema gefunden ist, auf das sich Prüfling und Prüfer einstellen können.

Wie findet man nun einen guten Einstieg? Denn das ist Ihnen bestimmt klar geworden, dass ein Hin und Her im Gedankengang kein überzeugender Weg ist und eher auf Unsicherheit als auf Sicherheit des Prüfungskandidaten schließen lässt.

Gehen Sie wie folgt vor: Wenn die Frage so an Sie gerichtet wird, indem mehrere Aspekte den Kern der Frage betreffen, so entscheiden Sie sich nur für einen Aspekt. Picken Sie diesen Aspekt heraus und sagen Sie: "Ich will zuerst auf folgenden Punkt zu sprechen kommen: ...." Nun nennen Sie diesen Kernpunkt und sprechen nur diesen Punkt an.

Stellen Sie das Für und Wider dieses Kernpunktes heraus. Antworten Sie im Dreier-Rhythmus und halten Sie sich an das W-Fragen-Konzept. Es mag nun sein, dass der Prüfungsausschuss von Ihren Ausführungen ausgehend weitere Fragen stellt, das Gespräch in eine bestimmte Richtung führt und nicht an der Beantwortung der anderen Hauptpunkte mehr interessiert ist, weil er durch Ihre kompetente Antwort darauf schließt, dass Sie auch die anderen Punkte beherrschen, wenn Sie den einen Hauptpunkt gut erklärt haben.

Sollte das Gespräch jedoch durch keine weiteren Anschlussfragen der Prüfer weitergeführt werden, so erkennen Sie, dass Ihre Prüfer in der Erwartungshaltung sind, dass noch ein weiterer Kernpunkt erläutert werden soll. Nehmen Sie sich nun den nächsten Aspekt vor und arbeiten Sie ihn gedanklich ab, durch die Anwendung der Dreier-Rhythmus-Methode und unter der Zuhilfenahme des W-Fragen-Konzepts; doch bleiben Sie während Ihrer Antwort nur bei diesem Punkt.

Einen Punkt vollständig zu beleuchten, vermittelt den Eindruck von Fachkompetenz und Sicherheit. Mit Ihren Erläuterungen bleiben Sie jedoch bei Normalsituationen, und hüten Sie sich vor Extrembeispielen, weil diese - wie schon erläutert - in eine Sackgasse führen können.

Es könnte sein, dass Ihnen, wenn Sie auf diese Weise vorgehen und den ersten Aspekt der Fragestellung beleuchtet haben, in der Zwischenzeit die weiteren Kernpunkte der ursprünglichen Frage entfallen sind. Sie brauchen sich darüber nicht beunruhigen, denn Sie werden sehen, dass Ihre Prüfer Sie an diese Hauptpunkte erinnern werden, wenn sie an der Erläuterung interessiert sind, zum Beispiel mit den Worten: "Und wie steht es mit dem ....-Aspekt?"

Wichtig ist es, dass Sie einen guten Einstieg haben. Um dieses Ziel zu erreichen, gehen Sie der Reihe nach vor. Quälen Sie sich nicht mit der Auswahl der Hauptpunkte. Nehmen Sie den Hauptpunkt ins Visier, der Ihnen am besten liegt. Im Laufe des Gespräches wird man evtl. auf andere Weise sowieso auf die Punkte, die anfänglich links liegen gelassen wurden, zurückgreifen. Versuchen Sie jedoch nicht, alles auf einmal beantworten zu wollen. Eine gute Möglichkeit ist, dass sie zu Beginn Ihrer Antwort eine

Gliederung voranstellen, indem Sie sagen: "Die angesprochene Frage lässt sich in drei (oder fünf) Punkte gliedern." Nun zählen Sie die Gliederungspunkte auf. Dann entscheiden Sie sich für einen Punkt und sagen Sie: "Ich beginne mit folgendem Punkt:...."

Durch eine Kurzgliederung zeigen Sie, dass Sie die gesamte Breite der Fragestellung überblicken. Ohne Details zu nennen haben Sie durch diese Vorgehensweise schon Fachkompetenz gezeigt. Ob der Prüfungsausschuss alle Punkte erläutert haben will, ist dann noch die Frage. In den meisten Fällen verlässt er das Gebiet und kommt zu anderen Themen. Durch die Gliederungspunkte sammeln Sie also Punkte und die Gliederung hilft Ihnen und den Prüfern, das Gespräch übersichtlich zu gestalten.

Es ist immer wieder zu beobachten, dass die meisten Prüflinge zu schnell ins Detail gehen. Manch einer beginnt sogar mit einem ausgefallenen Detailproblem. Diese Antworten wirken auf Fachleute stets so, als ob das Pferd von hinten aufgezäumt wird.

Wo beginnen Sie in Ihrem Prüfungsgespräch? Ganz einfach: am Anfang! Ein Faden hat zwar zwei Enden, aber nur einen Anfang und ein Ende. Welches Ende Sie zu Ihrem Anfang machen, das bestimmen Sie. Doch wenn Sie sich einmal für ein Ende bzw. für einen Anfang entschieden haben, so bleiben Sie dabei ohne abzuweichen, sondern folgen Sie dann dem weiteren Verlauf Ihrer Gedankenschnur. In Ihre Antworten lassen Sie die nötigen Fachvokabeln einfließen, denn diese sollten wie Perlen auf Ihrem Gedankenfaden erstrahlen, so dass sich am Ende des Prüfungsgespräches eine wertvolle Gedankenkette ergibt.

> Wir schätzen uns danach ein, wozu wir uns für fähig halten, während andere uns nach dem bereits Vollbrachten beurteilen.
>
> Henry Wadsworth Longfellow

Das will ich mir merken!

1. Den Punkt setzen heißt, dass ich...

2. Meine Vortragsweise trainiere ich mit folgenden Techniken:

3. Bei unübersichtlichen Fragen finde ich den Anfang, indem ich...

27. Die Fragetechniken kennen!

"Als ich gefragt wurde, was ich in einer bestimmten Situation tun würde, war ich verblüfft, weil ich mir diese Frage noch nicht gestellt hatte!", sagte eine Einzelhandelskauffrau nach ihrer mündlichen Prüfung.

Wenn eine Person plötzlich einer Situation gegenübersteht, mit der sie nicht gerechnet hat, so ist sie verblüfft und erstaunt oder bestürzt, vielleicht sogar erschrocken. Wie sieht nun eine Person aus, die verblüfft, erstaunt, bestürzt oder erschrocken ist, das heißt wie reagiert sie?

Diese Person macht bestimmt keinen selbstbewussten oder kompetenten Eindruck, nicht wahr? Ein Fachmann(-frau) lässt sich nicht überraschen, sondern rechnet mit gewissen Situationen. Insofern sollten Sie sich mit Fragetechniken, die Ihre Prüfer anwenden werden, vertraut machen, damit Sie nicht überrascht werden.

Welche Art Fragen sind nun in einem mündlichen Prüfungsgespräch nahe liegend?

Mit dem W-Fragen-Konzept haben Sie sich schon vertraut gemacht. Die Fragen Wer?, Was?, Warum?, Wo? und Wie? helfen Ihnen bei der Beantwortung, um eine vollständige Antwort geben zu können. Das sind Fragen, die Sie sich gedanklich stellen und Ihre Antwort darauf aufbauen, dabei muss selbstverständlich nicht bei jeder Antwort zu allen Fragewörten Stellung genommen werden, aber zwei oder drei sollten es immer sein.

Ihre Prüfer werden Ihnen Fragen stellen und wissen wollen, Wer?, Was?, Warum?, Wo? oder Wie? sich bestimmte Sachverhalte erklären lassen. Diese Fragen sind Fragen, die Sie am wenigsten überraschen werden, weil es sich um Fragen handelt, die auf ganz bestimmte Aspekte gerichtet sind und direkte Ziele haben. Eine direkte Frage erfordert immer eine direkte Antwort! Bei diesen Fragen sollten Sie gleich zum Punkt der Sache kommen. Wenn Sie sich bei Ihrer Anwortmethode an das W-Fragen-Konzept gewöhnt haben, so kommen Sie in Ihren Antworten den Fragen der Prüfer entgegen und dadurch entsteht eine Übereinstimmung zwischen Ihnen und dem Prüfer. Das kann sich nur positiv auf den Gesprächsverlauf auswirken. Fragen, die Prüflinge überraschen und mit denen sie nicht rechnen, sind anderer Natur. Es sind die Fragen nach dem Standpunkt einer Sache oder die Situationsfragen. Es sind Fragen, die Ihr Unterscheidungsvermögen oder Ihr Urteilsvermögen ansprechen.

Diese Fragen beginnen gewöhnlich mit Redewendungen wie:

- "Stellen Sie sich vor Sie wären (oder Sie würden) ....?"
- "Was würden Sie tun, wenn......?"
- "Angenommen (jetzt folgt die Schilderung eines Sachverhalts), wie würden Sie entscheiden?"
- Woran können Sie (oder kann man) erkennen, dass......?"
- Wie würden Sie handeln, wenn.....?"

Das Prüfungsgespräch will die praktische Seite Ihrer Ausbildung beleuchten. Es ist deshalb natürlich, dass die Prüfer Sie gedanklich in eine Situation stellen, die in Ihrer Branche und Ihrem Beruf möglich oder denkbar ist.

Dennoch machen Sie sich klar: obwohl eine Situation aus Ihrem Alltagsleben genommen wird, bleibt diese Frage fiktiv und wirklichkeitsfremd, weil hinter diesen Fragen die Fachvokabeln stecken, die man von Ihnen hören will. Es sind keine echten Praxisfragen, sondern der Praxis nachempfunden oder praxisähnliche Fragen; es sind Fragen, die sich an der Praxis orientieren oder an die Praxis anlehnen. Im günstigsten Fall ähnelt die Fragestellung einer realen Situation, die Sie schon einmal erlebt haben.

Hinter dieser Art Fragen steht nicht die Neugierde Ihrer Prüfer, ob Sie dieser oder jener Situation gewachsen sind und richtig oder realistisch reagieren können. Sondern in Wirklichkeit zielen diese Fragen auf bestimmte Fachsituationen und Fachbegriffe und man will hören, ob Sie diese Begriffe beherrschen. Der Unterschied zu den konkreten W-Fragen besteht darin, dass noch ein Situationsbeispiel hinzukommt.

Erschrecken Sie darüber nicht, denn es wäre schon ein großer Zufall, wenn Sie sich schon in genau derselben Situation befunden hätten, die die Fragestellung nennt. Weil es sich in den meisten Fällen um eine fiktive, also gedachte Situation handelt, können Sie frank und frei darauf antworten, indem Sie die fachlichen Aspekte oder das fachliche Problem hervorheben. Die Ihnen vor Augen geführte Situation wird etwas mit Ihrem Wissen zu tun haben, das Sie präsentieren wollen. Versuchen Sie den Ansatz zur Lösung in einer genannten Fachvokabel zu finden. Die Beispiele, die man in die Fragen einbettet, werden nicht abwegig sein. Auch einem Polizisten würde man nicht eine Frage in seiner mündlichen Prüfung stellen: "Was würden Sie tun, wenn Ihnen ein Mörder begegnet?" Diese Frage ist zwar eine Situationsfrage, aber abwegig. Diese Frage kann niemand von vorneherein klar beantworten, weil er diese Situation noch nicht erlebt hat und zum anderen, weil wohl diese Situation - wenn sie denn eintreten sollte - ganz unterschiedlich ablaufen würde.

Ganz anders würde es sich verhalten, wenn ein Feuerwehrmann in seiner mündlichen Prüfung gefragt würde, wie er sich verhalten würde, wenn er in einem mit Qualm erfüllten Raum stehen würde und ob er das Fenster öffnen würde oder nicht. Diese Frage - wieder eine Situationsfrage - zielt auf einen bestimmten Punkt, der gewisse Sicherheitsaspekte betrifft. In der Antwort des Feuerwehrmannes spielt es nun keine Rolle, ob für ihn diese Situation schon Realität war oder nicht und wenn ja, ob er sich richtig oder falsch verhalten hatte, sondern man will in einer mündlichen Prüfung wissen, wie er sein erlerntes Wissen in kritischen Situationen anwenden würde, wobei offen bleibt, ob er jemals in eine solche Situation kommen wird oder ob er sich dann auch so verhalten wird. Die Sache bleibt eben fiktiv, künstlich.

Nehmen Sie also diese Situationsaufgaben nicht so schwer, sondern antworten Sie Ihrem erlernten Wissen entsprechend und versuchen Sie gleichzeitig Ihr Fachwissen zu präsentieren. Es gibt keinen Grund, sich zu stark in diese Situationen hineinzuversetzen und zu befürchten, man würde bei dieser Fragestellung versagen, weil eine Situationsaufgabe meist mehrere Möglichkeiten in der Lösung zulässt.

Die in einer mündlichen Prüfung gestellten Situationsaufgaben, wenn sie wirklich aus der Praxis stammen, sind dann meist Beispiele, die Ihre Prüfer erlebt haben, als dass diese Situationen typisch wären für einen Auszubildenden oder Studenten, es sei denn, dass eine eindeutige Situation geschildert wird und dann dient diese Darstellung der bildhaften Umschreibung einer direkten Frage. Diese Art Fragen werden Sie dann sicher beantworten können, wenn Ihnen die Kenntnis der Fachvokabeln zur Verfügung steht.

Nun soll noch auf einige besondere Fragestellungen eingegangen werden und wie man sich in seinem Prüfungsgespräch darauf einstellen kann bzw. wie diese Fragen bewältigt werden können.

Da wäre zu nennen die **klare Frage.** Diese Fragen werden Ihnen am wenigsten Mühe machen. Dieser Fragetyp zielt auf einen klaren Sachverhalt oder auf einen Sachbegriff. Die Frage ist klar, weil nur ein Aspekt deutlich hervortritt.

Die **verwickelte Frage** ist auf den ersten Blick für Sie unübersichtlich. Vielleicht erkennen Sie nicht gleich, worauf die Frage hinauswill. In diesem Fall fassen Sie den Inhalt der Frage nochmals in eigenen Worten zusammen und vergewissern Sie sich, ob Sie alle Punkte richtig verstanden haben, bevor Sie antworten. Sind zu viele Aspekte in die Fragestellung gepackt, dann beginnen Sie bei einem Aspekt, der Ihnen auffällt und versuchen Sie die Aspekte der Reihe nach abzuhandeln. Die Zwischenfragen des Prüfers werden Ihnen dann eine Hilfe sein, um die Richtung zu erkennen.

Die **Fangfrage** ist eine Frage, bei der sich der Antwortende plötzlich in einer Sackgasse befindet und seinen Widerspruch erkennt, ganz gleich wie er antwortet. Diesen Fragetyp brauchen Sie nicht zu fürchten, weil er in einem fairen Prüfungsgespräch nichts zu suchen hat. Sie dürfen davon ausgehen, dass Ihre Prüfer Ihnen im Prüfungsgespräch offen begegnen werden und Ihnen eine reale Chance geben werden, dass Sie Ihr Wissen präsentieren können. Sollten Sie sich jedoch selbst einmal in einen Widerspruch verwickeln, so hilft meist nur noch, ein gewinnendes Lächeln aufzulegen und die Sache nochmals von vorne zu beginnen.

Die **unübersichtliche Frage** ist überhäuft mit Angaben, die man sich auf Anhieb nicht gleich auf einmal behalten kann. Solche Fragen ergeben sich in einem Prüfungsgespräch dann, wenn der Prüfer seine Frage erweitert und noch gewisse Anhängsel anbringt. In einem solchen Fall beginnen Sie mit einem Aspekt. Sie können Ihre Antwort einleiten mit den Worten: "Ich beginne zuerst einmal mit ......usw." Auf diese Weise machen Sie aus der unübersichtlichen Frage mehrere übersichtliche Fragen.

Die **Frage ohne erkennbare Grundlage** ist eine Frage aus heiterem Himmel, eine Frage, die nicht in Beziehung steht mit einem zuvor geäußerten Gedanken. Wenn es sich um eine klare Frage handelt, dann beantworten Sie diese Frage direkt. Doch Sie können sich auch erkundigen, ob das Thema gewechselt werden soll. Prüfer sind auch nur Menschen und es könnte sein, dass Ihr Gesprächspartner zu sprunghaft in seinem Gedanken war. Doch wenn

Sie nicht richtig diese Frage einordnen können, dann werden Sie sehen, dass die anderen Mitglieder des Prüfungsausschusses ebenfalls ein fragendes Gesicht machen werden. Der Prüfer wird sich dann bestimmt schnell korrigieren und Ihnen eine zusätzliche Erläuterung zu seiner Frage geben. Wichtig ist, dass das Gespräch in Fluss bleibt.

Die **Zwischenfrage als Hilfestellung** ist eine Frage, die Sie in Ihrer Antwort unterbricht, doch Sie werden schnell herausfinden, dass der Prüfer Ihnen durch seine Frage die richtige Richtung angibt. Sind Sie also bei dieser Frage nicht irritiert, wittern Sie keine große Sache dahinter, sondern nehmen Sie die helfende Hand dankbar an.

Die **rhetorische Frage** ist eine Frage, die keine Antwort erwartet. Dieser Fragetyp ist in einem Prüfungsgespräch untypisch, weil man ja von dem Prüfling eine Antwort haben möchte. Es ist jedoch eine Frageart, die sich sehr gut für Ihren mündlichen Vortrag eignet. Sie können zu Beginn Ihres Vortrages oder während Ihres Vortrages eine Frage einbauen, die Sie dann selbst beantworten. Durch diese Methode wird Ihr Vortrag lebendig in der Darstellung.

Die **Fragen nach dem Zusammenhang** sind Fragen, die in einem Prüfungsgespräch oft vorkommen. Diese Fragen sollten Sie erwarten. Die Antwort auf diese Fragen verbindet verschiedene Sachverhalte zu einem Ganzen. Durch eine geschickte Beantwortung dieser Fragen können Sie das Gespräch in eine andere Richtung führen.

Die **Frage zum Gegensatz** ist ebenfalls eine Frage, die Sie oft erwarten müssen in einem Prüfungsgespräch. Es sind Fragen, die Ihnen die Bearbeitung eines Themas erleichtern, denn wenn Sie zu einem bestimmten Punkt den Gegensatz erläutern, dann wird der Sinn Ihrer Ausführungen klarer. Prüfer benutzen diesen Fragetyp manchmal, um Ihnen durch die Beantwortung dieser Frage Gelegenheit zu geben, einen Fehler selbst zu entdecken und zu korrigieren.

Im Prüfungsgespräch selbst sollten Sie sich nicht damit befassen, um welchen Fragetyp es sich bei der gerade gestellten Frage handelt, sondern bleiben Sie offen und reagieren Sie entsprechend. Die besprochenen Fragetypen helfen Ihnen jedoch bei Ihrer Prüfungsvorbereitung gewisse Aspekte in Ihre Antworten mit einzubauen. Im Übrigen: Eine gut gestellte Frage beinhaltet schon die halbe Antwort! Zumindestens zeigt Sie Ihnen den Weg zur Lösung.

Entwerfen Sie bitte auf diesem Flipchart erneut eine Skizze, ein Diagramm oder ein Schaubild für Ihr Prüfungsgespräch!

28. So steuern **Sie** den Verlauf des Prüfungsgespräches!

"Dem Prüfling ist die Möglichkeit zu geben, die Schwerpunkte in der mündlichen Prüfung selbst zu setzen." (Auszug aus einer Prüfungsordnung)

Spielen Sie Ihre Trümpfe aus!

Jedes Schiff benötigt einen Steuermann, denn sonst wäre es den Gefahren des Meeres hilflos ausgesetzt. Das Steuer führt das Schiff sicher in den Hafen.

Wer steuert in einer mündlichen Prüfung? Ist es der Prüfling oder sind es die Prüfer, vielleicht sogar beide? Die meisten Prüfungsordnungen geben dem Prüfling die Möglichkeit, durch die Wahl der Themen, das Prüfungsgespräch zu steuern und Schwerpunkte zu setzen. Die wenigsten Prüflinge nutzen diese Möglichkeiten. Wenn der Prüfling nicht das Steuer ergreift, so steuern die Prüfer!

Jeder, der sich schon in einem Prüfungsausschuss als prüfendes Mitglied befunden hat, weiß, dass sich die meisten Prüflinge selbst in komplizierte Sachverhalte verwickeln und damit sich oft den eigenen Strick drehen, an dem sich dann schließlich einige aufhängen.

Natürlich können Sie nicht bestimmte Fragestellungen von Ihren Prüfern verlangen. Die Frage ist nun für Sie, wie Sie dann steuern sollen. Sich vornehmen, dass Sie bestimmte Schlüsselworte gebrauchen, um die Prüfer auf eine bestimmte Fährte zu leiten, scheitert meistens daran, dass Sie viel zu stark mit Ihren Sinnen in dem Prüfungsgespräch verhaftet sind. Sie müssten erfahrener und schlauer sein und gelassener als Ihre Prüfer, um dieses Kunststück zu vollbringen.

Nein, der Weg, wie Sie den Verlauf steuern können ist der, dass Sie sich nur mit Dingen in Ihren Antworten befassen, die Sie auch überblicken und gut beherrschen. Zweigen Sie nicht auf Nebengebiete ab. Sie brauchen sich nicht zu wundern, wenn Sie sich dann plötzlich in einer Sackgasse befinden. Wenn Sie jedoch Fakten aus Ihrem Fachvokabular in Ihre Antworten aufnehmen, die ja die Prüfer hören wollen, so steuern Sie insofern den Prüfungsverlauf, weil nämlich diese Fachvokabeln untereinander gedanklich verbunden sind. Das heißt konkret gesprochen, wenn Sie einen gewissen Fundus von Fachvokabeln beherrschen und nur einen Satz dazu äußern können und in dieser Äußerung weitere Fachvokabeln vorkommen, so werden zwangsläufig oder automatisch sich die Zusatzfragen der Prüfer auf die neuen Fachvokabeln stützen. Wenn Sie diese wiederum beherrschen, führen Sie zum nächsten Punkt, ohne dass Sie die Ebene der Sicherheit verlassen müssen.

Jedes Prüfungsfeld lässt sich in Themenkreise einteilen. Diese Einteilung ist meistens schon in Ihrer Prüfungsordnung ersichtlich. Zu jedem Themenkreis gehören bestimmte Fachvokabeln. Wir stellen uns nun diese Bereiche bildlich in Kreisen vor. In diesen Kreisen stellen wir uns die dazugehörigen Fachvokabeln in Punkten vor. Es ist klar, dass sich die Themenbereiche teilweise überlappen und damit auch die dazugehörigen Fachvokabeln. Das bedeutet, dass man eine Fachvokabel einem, zwei oder vielleicht sogar drei Themenkreisen zuordnen kann. Durch diese mehrdeutigen Fachvokabeln entstehen Übergangsmöglichkeiten zu anderen Themenbereichen.

Je mehr Sie nun Ihr Fachvokabular beherrschen, umso mehr werden Sie in geeigneter Weise im Prüfungsgespräch reagieren können, wenn Folge- und Zusatzfragen sich auf andere Themenbereiche erstrecken. Sollten Sie von einem Bereich keine oder nur wenige Fachvokabeln kennen, so liegt es auf der Hand, dass das Gespräch schnell ins Stocken kommt und Sie nicht weiterwissen.

Das ist nicht nur für Sie unangenehm, sondern auch für Ihre Prüfer. Je dichter nun Ihr Wissen an Fachvokabeln ist, umso leichter erkennen Sie selbst die Zusammenhänge und umso besser können Sie den Fragen der Prüfer folgen bzw. Sie können mit Ihren Antworten die Fallgruben vermeiden.

Ihre Prüfungsvorbereitung muss sich also in ein Training erstrecken, dass Ihnen die sichere Handhabung Ihres Fachvokabulars ermöglicht. Dabei liegt das Geheimnis nicht in langen Erklärungen, sondern in kurzen Sätzen.

29. So halten Sie das Gespräch in Fluss!

"Würden Sie mir bitte eine Minute Bedenkzeit einräumen?", fragte der Prüfling und erntete nur unverständliches Kopfschütteln.

Die richtige Nummer bringt die richtige Verbindung!

Bedenkzeit in einem mündlichen Prüfungsgespräch ist nicht üblich und nicht denkbar. Bedenkzeit bekommt der Prüfling eingeräumt, wenn er sich auf seinen mündlichen Vortrag vorbereitet, - so weit dies Bestandteil seiner Prüfung ist - aber Bedenkzeit im Zwiegespräch ist nicht möglich.

Das Prüfungsgespräch soll ein Gespräch sein. Es soll einen Gedankenaustausch unter Fachleuten darstellen. "Wenn ich die gut vorbereiteten und vor Gedankenfülle sprühenden dynamischen jungen Leute so manches Mal in der Prüfung erlebt habe, so macht es mir Freude, diese Talente in den Beruf zu entlassen und ich erinnere mich gerne an meine Zeit zurück, in der ich mit ebenso viel Eifer - wenn auch noch in manchen Dingen ungeschickt und ungehobelt - mein Fach vertreten habe", äußerte kürzlich ein Prüfungsmitglied.

Das Gespräch in der mündlichen Prüfung muss fließen, wenn es erfolgreich sein soll. Es soll einem Feuerwerk gleichen, dass seine Beobachter in Erstaunen versetzt. Stellen Sie sich vor, Sie wären zu einem Feuerwerk eingeladen und alle zehn Minuten würde eine sehr bedauernswerte Rakete quälend in den Himmel aufsteigen, der man ansehen würde, dass sie lieber in der Kiste geblieben wäre, als den gefährlichen Weg in den Himmel zu nehmen. Ein gutes Feuerwerk lebt von seiner Dynamik, von seinem Fluss. Ein Knaller folgt dem anderen, wobei zum einen das Farbenspiel und zum anderen die Komposition und der Rhythmus des Spektakels die Bewunderung der Zuschauer hervorruft.

Deshalb halten Sie das Gespräch in Fluss! Wie? Indem Sie auf gestellte Fragen zügig antworten. Sie brauchen nicht hektisch zu antworten, aber zügig. Nichts ist lähmender und zerrt mehr an den Nerven Ihrer Prüfer, als dass der Prüfling, nach einer an ihn gestellten Frage, in eine Lethargie versinkt und dann aus abgrundtiefen Welten sich eine Antwort erhebt, die Mühe hat, bis an das Ohr der Prüfer zu dringen.

Ein solcher Eindruck kann zu keinen guten Ergebnissen führen. "Wenn ich etwas verkaufen will, dann muss ich etwas anbieten können!", sagte ein erfolgreicher Verkäufer. **Sie** wollen etwas haben! **Sie** wollen einen guten Eindruck auf Ihren Prüfungsausschuss machen! **Sie** wollen Ihre Prüfung erfolgreich gestalten! Deshalb müssen **Sie** etwas anbieten!

Achten Sie darauf, dass Sie - abgesehen von einer kleinen Konzentrationspause (evtl. 1 oder 2 Sekunden) - zügig antworten. Haben Sie Mut! Wenn das Gespräch in Fluss ist, dann ist es auch nicht so schlimm, wenn einige Gedanken nicht ganz so exakt formuliert sind. Sie werden merken, dass Sie im Gespräch Gelegenheit bekommen, sich zu verbessern, sich zu korrigieren oder eine Sache klarer herauszustellen.

Viele Prüflinge meinen, dass sie zügig antworten, doch in Wirklichkeit liegen große Gedankenpausen zwischen ihren Antworten. Wie kommt das? In der erhöhten Konzentration vergeht den Prüflingen die Zeit wie im Flug, doch seine Zuhörer empfinden das Gespräch ganz anders. Ein Prüfling kann sich in dieser Angelegenheit nur verbessern, wenn er mit einem Tonband arbeitet und sich selbst korrigiert. Die eigene Stimme hören, den eigenen Ausführungen folgen ist für manchen Prüfling ein niederschmetterndes Ereignis, weil er denkt, er würde seine Sache gut machen, obwohl das Ergebnis noch erbärmlich ist. Nur die selbstkritische Betrachtung anhand des Tonbandes bringt Besserung. Das Tonband ist gnadenlos. Doch Training bringt schnell Besserung. Übung macht auch in diesem Punkt den Meister, diese Worte treffen in diesem Fall den Nagel auf den Kopf.

Ein zügiges Gespräch vermittelt den Eindruck von Sicherheit und Festigkeit. Ein quälendes, sich in die Länge ziehendes Gespräch wird nie so gut beurteilt werden, auch wenn das Gesagte in Ordnung ist. Achten Sie deshalb auf Dynamik, auf Fluss und sehen Sie in ihren Prüfern Partner, mit denen Sie ein bisschen fachsimpeln. Ihr Fachwissen ist auch hier die Grundlage für den Erfolg. Für bloße Konversation gibt es keine Punkte, denn Ihre Antworten müssen Hand und Fuß haben und auf einer soliden Grundlage stehen.

30. Ein Problem aufzeigen können ist oft schon genug!

"Würden Sie bitte das Problem kurz in eigenen Worten darstellen?", forderte die Prüferin freundlich den Prüfungskandidaten auf.

Ein Problem ist eine zu lösende Aufgabe, eine Schwierigkeit oder eine Fragestellung, die einer Antwort bedarf. Die Probleme, die sich in der Berufswelt ergeben, sind vielschichtig und es ergeben sich oft mehrere Lösungen statt nur einer, je nachdem welche Blickpunkte betont werden.

In der Berufsausbildung ist der Auszubildende es gewohnt, zu einem Problem eine Lösung zu finden. Dabei helfen ihm seine Ausbilder und seine Lehrer. Der Auszubildende wird trainiert, gewisse Fertigkeiten zu erwerben in praktischer und theoretischer Arbeit. Während seiner Ausbildung wird er mit einfachen Problemen konfrontiert. Es sind Probleme, die **eine** Lösung haben. Erlangt ein Auszubildender in diesen übertragenen Aufgabenstellungen Sicherheit, so kann er selbständig die Bearbeitung von anderen Problemstellungen übernehmen. Ergeben sich während seiner Arbeit schwierigere Probleme, so weiß er, an wen er diese Probleme abgeben kann. Es sind dann seine Vorgesetzten, seine Chefs, die diese Probleme zu lösen haben und dem Auszubildenden bleibt dann oft der Lösungsvorschlag verborgen.

Erst dann, wenn eine gewisse Routine erworben wurde in der Lösung und Bewältigung dieser Aufgabenfelder, wird der Auszubildende auf einer höheren Ebene mit etwas komplizierteren Problemen konfrontiert. Auf dieser neuen Ebene spielt sich dann der gleiche Prozess ab, wie auf der zuerst genannten Ebene. Auch hier lernt der Auszubildende, Probleme von höheren Schwierigkeitsgraden an seine Vorgesetzten abzugeben. Er selbst kann jedoch Probleme seiner Schwierigkeitsstufe selbständig bearbeiten. Dazu bedarf es jedoch der Fähigkeit des Unterscheidens und Entscheidens.

Es muss **unter**schieden werden, welches Problem für ihn lösbar ist und welches Problem weitergeleitet wird. Es muss **ent**schieden werden, wie ein Problem auf seiner Ebene gelöst werden soll. Neben der erworbenen Selbständigkeit tritt nun ein neuer Faktor hinzu, die Erfahrenheit. Mit zunehmender Erfahrenheit kann der Auszubildende größere Verantwortung übernehmen.

Dieser beschriebene Prozess kann sich nun fortsetzen bis ein "Meistergrad" erreicht ist, das heißt bis die höchste Ebene in dem Beruf erworben wurde. Auf diesem Weg ergeben sich für den Lernenden Möglichkeiten, seine Fähigkeiten durch die Ablegung einer Prüfung zu dokumentieren. Das erfolgreiche Lösen der schriftlichen Prüfungsaufgaben aus seinem Fachgebiet und das Bestehen der mündlichen Prüfung bescheinigen dem Prüfling seine Qualifikationen.

Sie wissen am besten, wo Sie sich augenblicklich auf dem beschriebenen Weg befinden und auf welche Prüfung Sie sich gerade vorbereiten. Ganz gleich, wo Sie sich auf dem beschriebenen Weg befinden, Sie werden von Personen geprüft werden, die erfahrener sind als Sie selbst und die es gewohnt sind, in ihrer Verantwortung Probleme von höherer Vielschichtigkeit zu lösen, als Sie es bisher gewohnt waren. Es ist nun leicht einzusehen, dass die Erfahrung und Selbständigkeit eines Prüfungskandidaten sehr stark abhängig ist von seiner vorherigen Tätigkeit und seinen "Lehrern". Der Prüfungsausschuss hat in der mündlichen Prüfung die Aufgabe, Ihren Grad der Erfahrenheit herauszufinden und zu beurteilen. Um dieses Ziel zu erreichen, wird er deshalb Problemkreise unterschiedlicher Schwierigkeitsgrade an Sie heranführen.

Deshalb wird es in Ihrem Prüfungsgespräch unweigerlich zu einem Punkt kommen - bitte richten Sie sich bewusst darauf ein - dass Sie mit einem Problem konfrontiert werden, dem Sie in Ihrer Praxis noch nicht begegnet sind. Es handelt sich dann um eine Fragestellung, zu der Sie keine Erfahrungswerte besitzen. Mit einer solchen Situation müssen Sie rechnen, weil Ihre Prüfer Ihr bisheriges Aufgabengebiet nicht vollständig überschauen können. Die meisten Prüflinge werden unsicher, wenn sie merken, dass sie keine Erfahrungswerte zu einer Fragestellung besitzen und wollen sich nicht recht entscheiden, wie sie das Problem angehen sollen. Der Prüfling hat Angst, einen Weg aufzuzeigen, der womöglich in die falsche Richtung führt. In dieser Befürchtung flüchtet er sich in allgemeine Formulierungen und ungenaue Darstellungen. Wenn nun in einer solchen Situation die Prüfer konkret nachfragen, verstärkt sich die Ängstlichkeit, die Antworten werden noch allgemeiner oder der Prüfungskandidat verstummt. Er sieht sich plötzlich in einer Sackgasse gefangen. Wie lässt sich eine solche Situation vermeiden? Der erste Schritt ist, dass Sie sich bewusst machen, dass es zu einer solchen Fragestellung in Ihrer Prüfung kommen kann. Sie müssen einkalkulieren, dass Sie zu einigen Fragen keine Erfahrungswerte besitzen. Nur dann, wenn Sie eine Situation erwarten, können Sie sich im Vorfeld darauf einrichten und Vorbereitungen treffen, um dieser Situation erfolgreich zu begegnen.

Der nächste Schritt ist, dass Sie sich weiterhin bewusst machen, dass der Prüfungsausschuss nicht erwartet, dass Sie zu allen Fragestellungen Erfahrungswerte besitzen. Der Ausweg aus der aufgezeigten Prüfungssituation besteht nun darin, dass Sie, anstelle eine Lösung zu nennen, das Problem der Fragestellung aufzeigen. Sprechen Sie das Für und Wider des Problems an. Stellen Sie dar, worin die Schwierigkeit eines Lösungsansatzes zu sehen ist. Zeigen Sie, dass eventuell mehrere Möglichkeiten bestehen, dieses Problem zu lösen.

Durch eine solche Vorgehensweise zeigen Sie Unterscheidungsvermögen und Sie werden dann feststellen, dass Ihre Prüfer Ihnen Hinweise geben werden, die dann eine Lösung finden lassen. Es sei gesagt, dass diese Vorgehensweise nur funktioniert bei Fragen, die sich auf höherwertige Problemkreise beziehen, nicht jedoch auf Standardwissen, das man von jedem Prüfling erwarten kann. Prüflinge, die einen sehr guten Eindruck machen, werden von Zeit zu Zeit nach einem fachlichen Problem befragt, das gerade in der Branche aktuell ist und vielleicht sogar von den Fachleuten unterschiedlich diskutiert wird. Zielen die Fragen auf solche Problemstellungen, so werden Ihre Prüfer mit der Darstellung des Problems zufrieden sein und keine eindeutige Lösung von Ihnen erwarten, denn Sie müssen nicht zeigen, dass Sie schlauer sind als die Meister selbst. Durch diese Fragen wollen Prüfer sehen, ob Sie mit den aktuellen Gegebenheiten Ihrer Branche vertraut sind. Ist dies der Fall, so wird es Ihnen zusätzliche Pluspunkte einbringen.

Sollten Sie also mit einem Problem in Ihrem Prüfungsgespräch konfrontiert werden, zu dem Sie keine Erfahrungswerte besitzen, dann scheuen Sie sich nicht, das Problem anzudiskutieren, nennen Sie dabei Ihre Fachvokabeln und präsentieren Sie Ihr Wissen, so wie Sie es zu dem genannten Problem einordnen. Eine Ihnen unbekannte Fragestellung muss deshalb für Sie nicht in eine Sackgasse führen, wenn Sie mutig aufzeigen, worin das Problem zu sehen ist oder mit welchen Wissensgebieten die Frage zu tun hat. Denn ein Problem aufzeigen können, ist manches Mal schon genug!

Das hilft mir weiter!

1. Folgende Fragetechniken kann ich aufzählen:

2. Den Verlauf des Prüfungsgespräches kann ich steuern, indem ich...

3. Das Prüfungsgespräch muss in Fluss bleiben, weil..

31. Verbindende Worte verbinden!

"Würden Sie bitte erläutern, was Sie mit Ihren Worten meinen?", sagte der Prüfer erwartungsvoll.

Wussten Sie, dass sehr viele Personen Schwierigkeiten haben, auf eine konkrete Frage mit einem vollständigen Satz zu antworten? In einem mündlichen Prüfungsgespräch ist es unerlässlich, in vollständigem Satz zu antworten.

Sätze ohne Anfang und ohne Ende sind Wortbrocken. Ein Prüfling, der Äußerungen hervorstößt, kann nicht erwarten, dass seine Prüfer das verstehen, was gemeint ist. Geben Sie Ihren Prüfern keine Rätsel auf. Sagen Sie das, was Sie auf dem Herzen haben mit einfachen Worten klar und verständlich. Diese Art der Darlegung ist jedoch lediglich die Methode, in vollständigen Worten zu antworten. Verbindende Worte zu gebrauchen, geht jedoch noch ein Stück weiter.

Verbindende Worte drücken Höflichkeit aus, verbindende Worte zeigen Respekt vor den Prüfern als höherwertige Fachleute. Verbindende Worte sind gefällig, das heißt das Gesagte ist in jeder Nuance verständlich. Wenn Sie meinen, dass das doch eine Selbstverständlichkeit ist, dann haben Sie das leidgeprüfte Dasein eines Prüfers noch nicht erlebt. Eine komplizierte Ausdrucksweise ist immer ein Zeichen von Schwäche und ein Mangel an Sicherheit.

Wie trainiert man nun, sich in verbindenden Worten auszudrücken? Achten Sie auf Ihre Ausdrucksweise im Umgang mit anderen! Wie drücken Sie sich aus in der Familie, im Geschäftsleben und in der Freizeit?

Sind Sie genau in der Ausdrucksweise? Sind Ihre Worte verbindlich? Haben Sie oft Probleme, dass das was Sie sagen, zu Missverständnissen führt? Wenn ja, dann sind Sie nicht geübt, sich verbindlich auszudrücken. Arbeiten Sie an diesem Punkt! Wie? Studieren Sie Personen, bei denen Sie bemerken, dass sie sich verbindlich ausdrücken. Das können Freunde, Arbeitskollegen, der Nachrichtensprecher im Fernsehen oder Moderatoren in einer Talkshow sein. Versuchen Sie herauszubekommen, woran es liegen könnte, dass diese Ausdrucksweise verbindlich ist.

Was machen diese Personen anders als Sie selbst? Könnten Sie einige positive Dinge übernehmen, ohne diese Personen zu imitieren? Probieren Sie es einfach aus! Nach kurzer Zeit werden Sie bemerken, dass es einfach ist, sich verbindlich auszudrücken. Es bedarf nur einiger Übung.

Personen, die sich schwer tun im Ausdruck von verbindlichen Worten, meinen oft, dass Sie anderen keinen Schmus erzählen wollen, dass sie ihnen nichts vorsülzen wollen. Verbindliche Worte zu gebrauchen ist jedoch kein Schmus und kein Gesülze. Schmus und Gesülze ist leeres, oberflächliches und falsches Gerede. Verbindliche Worte sind ehrlich, direkt, klar und drücken Höflichkeit und Verständnis aus.

Verbindliche Worte verbinden, sie stellen die Gesprächspartner auf eine Stufe, und ein partnerschaftliches und vertrauensvolles Verhältnis kann aufgebaut werden.

Verbindliche Worte lassen eine Person sympathisch erscheinen. Verbindliche Worte bewirken in einem mündlichen Prüfungsgespräch, dass der Bann der Steifheit und Nüchternheit gebrochen wird. Verbindliche Worte bewirken, dass auch in einem mündlichen Prüfungsgespräch einmal gelacht werden kann, ohne jemanden lächerlich zu machen.

Wie gebraucht man nun verbindliche Worte? Verbindliche Worte sind keine Hauptgedanken, sondern sie verstärken diese. Verbindliche Worte sind Floskeln, die eine gewisse Geschmeidigkeit in das Gespräch bringen ohne aufdringlich zu wirken. Verbindliche Worte sind für sich selbst betrachtet ohne Wert, erhöhen jedoch den Hauptgedanken.

Verbindliche Worte in einem Prüfungsgespräch sind zum Beispiel: "Ich könnte mir denken, dass ...", "In diesem Zusammenhang ist mir aufgefallen, dass ...", "Ich habe mich auch schon gefragt, warum ...?", "Mit anderen Worten: ...", "In diesem Zusammenhang möchte ich noch erwähnen, dass ...", usw.

Diese Aufzählung ist bewusst sehr kurz gehalten, um den Leser nicht dazu zu verleiten, die erwähnten Umschreibungen auswendig zu lernen und dann zu gebrauchen. Verbindliche Worte müssen zu der Persönlichkeit passen, die sie gebraucht. Verbindliche Worte müssen antrainiert werden. Sie geben dem Gespräch eine freundliche Note und erleichtern den Fluss des Prüfungsgesprächs. Verbindliche Worte zu gebrauchen ist deshalb ein Mosaiksteinchen auf dem Weg, das Prüfungsgespräch erfolgreich zu gestalten.

32. Die Kraft der Vorstellung nutzen!

"Manche Sachverhalte wollen nicht in meinem Kopf haften bleiben, da kann ich lernen wie ich will! Wie soll das erst in meiner mündlichen Prüfung werden?", sagte eine Lernschwester vor ihrer Prüfungssituation.

Wenn Sie sich etwas nicht merken können, so haben Sie wahrscheinlich noch keine genaue Vorstellung von dem Sachverhalt, um den es geht. Sie haben noch kein Bild im Kopf von dieser Angelegenheit. Nutzen Sie die Kraft der Vorstellung, die Kraft der Bilder, um sich an spezielle Dinge zu erinnern und um einen Sachverhalt zu erklären.

Es wurde in diesem Buch schon oft betont, wie wichtig für den Erfolg Ihrer mündlichen Prüfung die Fachvokabeln Ihres Berufsbildes sind und dass Sie Ihre Fachsprache beherrschen müssen. Wenn Sie sich diese Fachwörter einprägen wollen, ohne eine Beziehung zum Inhalt zu haben, der Bedeutung und der Anwendung dieser Fachbegriffe, dann ist das ein sehr anstrengendes Geschäft und es wird immer wieder Misserfolge und Irrtümer geben.

Um diese Situation zu vermeiden, sollten Sie sich mit diesen Fachbegriffen ein Bild einprägen. Wenn dann diese betreffende Fachvokabel genannt ist, sollte ein ganzes Bild von diesem Begriff und seinem Umfeld in Ihrem Kopf erscheinen! Das ist die Kraft der Bilder, die wir meinen.

Wenn der Prüfer Ihnen eine Frage zu einem Sachverhalt stellt, dann können Sie davon ausgehen, dass auch er ein Bild, d.h. eine gewisse Vorstellung in seinem Kopf hat und er wird nun prüfen, ob Ihre Antwort seinem Bild entspricht. Gelingt Ihnen dieses Kunststück, wird er zufrieden sein.

Treffen Sie seine Vorstellung nicht, so merken Sie das an seinem Gesichtsausdruck, seinen Rückfragen und Hilfestellungen. Wie kann man nun diese "Bilder " erahnen? Die Fachvokabeln sind Ihnen deshalb eine große Hilfe, weil die Fachbegriffe klar definiert sind, d.h. genormt sind. Die Fachwelt kennt sich in diesen Begriffen aus. Bei der Nennung des richtigen

Fachwortes haben Sie und der Prüfer das gleiche Bild im Kopf und das Gespräch kann nur gut für Sie laufen, weil Übereinstimmung und Zustimmung herrscht.

Es ist nun bei der Fragestellung nicht immer gleich klar, welcher Fachbegriff oder welche Fachsituation angesteuert wird. Sie müssen sich vorsichtig "anschleichen", d.h. herausbekommen, woran der Prüfer denkt, wohin er mit seiner Frage zielt, was er im Visier hat. Nehmen wir ein Beispiel aus einem allgemeinen Bereich, um zu zeigen wie die Kraft der Bilder funktionieren kann. Wenn Sie verstanden haben, wie die Methode funktioniert, werden Sie entsprechend diese Methode auf Ihren Fragenbereich anwenden können.

Nehmen wir an, der Prüfer würde fragen: "Nennen Sie mir einen typischen Baum!" Das klingt natürlich lustig und fremd, denn was soll das für eine Prüfung sein, werden Sie sich fragen. Für die Methode, wie die Kraft der Bilder funktioniert, ist es aber im Moment unwichtig, welches Beispiel genommen wird, ja es ist vielleicht sogar besser für Sie, dass diese Methode an einem artfremden Beispiel demonstriert wird, weil Sie in Ihrem Fachgebiet vielleicht schon zu stark beeinflusst sind. Die Mehode funktioniert jedoch in allen Fachbereichen auf die gleiche Art. Deshalb können wir getrost mit unserem etwas sonderlichen Beispiel fortfahren.

Der Prüfer stellt also die Frage: " Nennen Sie mir einen typischen Baum!" Wir nehmen weiter an, dass der Prüfer sich bei dieser Frage eine Birke vorstellt. Wir nehmen weiter an, dass Sie nun beim Hören dieser Frage das Fachwort Baum erkennen und es erscheint in Ihrem Kopf das Bild eines Birnbaumes.

Würden Sie nun gleich darauflos antworten und "Birnbaum" sagen, so wäre Ihr Prüfer enttäuscht, weil er sich eine Birke vorgestellt hat. Beginnen Sie nun einen Baum zu beschreiben und kommen von den Wurzeln über den Stamm zu den Ästen und zu den Blättern, würden Sie nur Zustimmung ernten, weil diese Merkmale allen Bäumen gleichermaßen zu Eigen sind. Obwohl sie also unterschiedliche Vorstellungen im Kopf haben, können Sie dennoch übereinstimmen. In dem Fachgespräch mag es nun sein, dass der Prüfer andeutet, dass es sich um keinen Obstbaum handelt. In diesem Moment wissen Sie, dass Sie mit Ihrer Vorstellung des Birnbaumes falsch liegen. Nehmen wir an, es taucht die Vorstellung von einer Eiche in Ihrem Kopf auf. Wir haben dann keine vollständige Übereinstimmung, doch wir sind schon ein Stück weitergekommen, da der Bereich eingeengt ist und Sie wissen, wonach gesucht wird.

Wenn Sie sich nun in dem Fachgespräch darauf konzentrieren die Beschaffenheit der Rinde zu analysieren und herausfinden, dass der Stamm eine weißschwarze Struktur besitzt, so sind Sie dem Ziel ganz nahe gekommen. Wenn Sie sich jetzt noch erkundigen, ob die Beschaffenheit der Blätter klein und zackig ist und die Äste zierlich und graziös erscheinen, dann können Sie sicher sein, dass eine Birke gemeint ist.

Dieses Beispiel zeigt, wie sich die Bilder zum Thema in Ihrem Kopf verändern können und wie sie mit Hilfe dieser Methode auf den richtigen Weg und zum Ziel gelangen können. Sie dürfen nicht erwarten, dass in einer mündlichen Prüfung die Strukturen einer Frage gleich erkennbar sind. Ohne jedoch eine Vorstellung von der Sache zu haben, würde eine wilde Raterei entstehen und es wäre ein wahrhaftiger Glückstreffer, wenn Sie die richtige Vorstellung Ihres Prüfers erraten könnten. Weil Sie jedoch - wie in dem Beispiel gezeigt - von Anfang an ähnliche Bilder im Kopf hatten, nämlich den Baum, konnten Sie das Fachgespräch positiv meistern ohne schon am Ziel zu sein.

Die Kraft der Bilder hilft Ihnen den Erwartungen Ihrer Prüfer zu entsprechen und Ihr Wissen zu präsentieren. Wie bekommt man nun diese Bilder in den Kopf? Am besten dadurch, dass Sie in Ihrer Vorstellung den Fachbegriff an ein konkretes Beispiel knüpfen. Wenn es sich bei diesem Beispiel vielleicht um ein in Ihrer Branche berühmtes und weithin anerkanntes Beispiel handelt, dann werden Sie schnell am Ziel sein.

Das Bild in Ihrem Kopf hat den Vorteil, dass Sie gleich mehrere Merkmale auf einmal erfassen und dadurch Ihre Antworten eher einen beschreibenden Charakter geben können als einen suchenden.

Erzeugen Sie also durch die Nennung der Fachvokabeln in dem Kopf Ihrer Prüfer typische Bilder aus Ihrem Wissensgebiet und bestätigen Sie diese durch die praktischen Beispiele. Auf diese Weise nutzen Sie zu Ihren Gunsten die Kraft der Vorstellung, weil Ihre Prüfer wissen, wovon Sie reden und erkennen, was Sie meinen, weil sie mit diesen Bildern vertraut sind. Durch das Bild selbst können Sie komplizierte Sachverhalte erfassen und darstellen.

Antworten, die es in sich haben!

1. In meiner Branche sind zur Zeit folgende Themen aktuell:

2. In meiner Ausdrucksweise werde ich "verbindende Worte" benutzen, weil...

3. Die Kraft der Bilder hilft mir, das Prüfungsgespräch zu gestalten, weil...

33. Sicher argumentieren können!

"Ich hatte den Eindruck, dass der Prüfer überhaupt nicht verstand, was ich meinte!", berichtete ein Prüfling nach seiner mündlichen Prüfung.

Argumente sind wie Bausteine

Besonders Prüflinge mit einem überdurchschnittlichen Wissen machen manchmal die Erfahrung, dass sie scheinbar von ihren Lehrern oder auch von ihren Prüfern nicht verstanden werden. Wie ist das zu erklären?

In jeder Branche gibt es Spezialgebiete. In den Spezialgebieten tummeln sich Spezialisten. Ein Spezialist zeichnet sich dadurch aus, dass er über ein relativ kleines Fachgebiet eine Menge weiß. Es gibt nun Auszubildende und Studierende, die von diesen Fachgebieten fasziniert sind und sich viel Wissen anlesen oder sich in diese Wissensgebiete förmlich hineingraben. Je stärker dieser Prozess stattfindet, umso mehr entfernt sich diese Person von der Masse.

Es gibt Forscher, die sich so weit von der Menge entfernt haben, dass ihre Sprache unverständlich wird. Es ist nicht selten in der Geschichte der Menschheit, dass ein Genie zu seinen Lebzeiten verkannt wird und erst in späteren Generationen, wenn die Masse aufgeholt hat und die allgemeine Wissenschaft vorangekommen ist, die Leistungen des verkannten Genies gewürdigt werden. In unserer Welt laufen jedoch nicht allzu viele Genies herum. Doch es ist durchaus möglich, dass ein Prüfling während seiner Ausbildung sich ein überdurchschnittliches Fachwissen auf einem relativ kleinen Wissensgebiet seines Fachgebietes erworben hat.

In einer mündlichen Prüfung will der Prüfling verständlicherweise brillieren mit dem, was er weiß. Begibt er sich in seiner mündlichen Prüfung auf Spezialgebiete seines Faches, die nicht zu der anerkannten und herrschenden Lehrmeinung gehören, so ist es denkbar, dass seine Gedanken und Ausführungen missverstanden oder wenig beachtet werden, weil die Prüfer ein anderes Ziel verfolgen.

Machen Sie sich bitte bewusst, dass der bzw. die Prüfer das Ziel verfolgen, Ihnen zu bescheinigen, dass Sie, in einem genau abgesteckten

Bereich Ihres Fachwissens und entsprechend einem durch die Prüfungsordnung vereinbarten Niveau, Ihre Leistungen erbracht haben. Wenn Sie sich auf Nebengebiete begeben, so wird der Prüfer Sie immer wieder durch seine Fragen auf den geforderten Themenbereich zurückholen wollen, besonders dann, wenn er sich in Ihrem Fachgebiet wenig auskennt oder eine andere Lehrmeinung vertritt.

Es entsteht somit zwischen Prüfling und Prüfern eine Konfliktsituation. Der Prüfling holt Argumente aus seiner Wissenskiste in der Hoffnung, damit einen guten Eindruck zu machen. Der Prüfer stellt ihm andere Argumente entgegen. Der Prüfling verteidigt daraufhin seinen Standpunkt und der Prüfer hat das letzte Wort oder geht nicht näher auf die vorgebrachten Argumente ein. Unverständnis auf beiden Seiten bleibt dann zurück. Es wird aneinander vorbeiargumentiert. Die Zeit ist schnell vertan und zurück bleibt ein lückenhaftes Bild über die wirklichen Leistungen des Prüflings. Ihre Prüfer werden Sie nur nach dem beurteilen können, was sie gehört und gesehen haben. Ist das Bild über Ihre Persönlichkeit lückenhaft, so muss auch das Urteil unvollständig ausfallen. Der Prüfling erhält unter Umständen eine Leistung bescheinigt, die nicht seinen wirklichen Fähigkeiten entspricht. Das bringt Enttäuschung mit sich und Unzufriedenheit.

Zugegeben, das beschriebene Beispiel ist zugespitzt und extrem dargestellt, doch Sie haben die mögliche Tendenz sicherlich erkannt. Das beschriebene Problem hätte nicht auftauchen müssen, wenn der Prüfling sich ausreichend mit der Prüfungssituation auseinander gesetzt hätte. Damit es zu guten Ergebnissen kommt, müssen beide Seiten - Prüfling und Prüfer - gut zusammenarbeiten.

Streitgespräche auf fachlichen Gebieten sollten in einem Prüfungsgespräch vermieden werden, weil die mündliche Prüfung dafür nicht der richtige Ort ist. Durch das erfolgreiche Prüfungsgespräch wollen Sie in den Kreis der Fachleute aufgenommen werden. Ihre Prüfer öffnen Ihnen die Tür zu diesem Kreis. Ihre Eintrittskarte ist, dass Sie Ihr Wissen nach vereinbarten Regeln präsentieren. Das bedeutet nicht, dass Sie in Ihrer Prüfung nicht umstrittene Standpunkte erläutern sollten oder dürften. Es wäre nur nicht angebracht, selbst solche Standpunkte einzunehmen und in einem mündlichen Prüfungsgespräch um die Anerkennung dieser Standpunkte zu kämpfen. Bitte versuchen Sie in Ihrem Prüfungsgespräch nicht, extreme Argumente zu überwinden, umgehen Sie diese Standpunkte und Sie werden schneller und sicherer ans Ziel gelangen.

34. Die gemeinsame Basis finden!

"Immer wieder hackte der Prüfer auf einem Punkt herum. Ich wusste überhaupt nicht, was er wollte!", äußerte ein entnervter Prüfling nach seiner mündlichen Prüfung.

Ein erfolgreiches Prüfungsgespräch zeichnet sich dadurch aus, dass die Prüfer und der Prüfling eine gemeinsame Basis gefunden haben und gemeinsam auf dieser Grundlage das gedankliche Gebäude aufbauen.

Stellen Sie sich für einen Moment eine buchstäbliche Baustelle vor, auf der ein Haus gebaut werden soll. Es ist selbstverständlich, dass ein Haus auf einer Grundlage, dem Fundament, errichtet wird. Dieses Fundament ist in einem Prüfungsgespräch die gemeinsame Basis. Ihre Prüfer werden Ihnen in aller Regel zu Beginn des Fachgesprächs eine Frage stellen, die mit dieser Grundlage zu tun hat. Sie werden mit einer etwas breiter angelegten Frage rechnen müssen, eine Frage, die mehrere Möglichkeiten in der Wahl des Schwerpunktes und Inhalts des weiteren Gesprächsverlaufs zulässt.

Sobald Sie sich für einen Weg bzw. für einen Hauptgedanken entschieden haben, wird der Prüfer Ihnen eine weitere Frage stellen, die auf dem zuvor geäußerten Gedanken aufbaut. Durch Ihre weitere Antwort legen Sie nun wieder fest, was folgen wird, wobei Sie durch die Benutzung von spezifischen Fachvokabeln, das Gespräch indirekt lenken können, weil ja, wie schon dargestellt wurde, viele Fachvokabeln mehrdeutig sind und in andere Themenbereiche überleiten. Das Gespräch wird seinen natürlichen Gang nehmen, wenn der Prüfling auf die jeweils gestellte Frage reagiert und die gemeinsame Basis nicht verlässt. Mit der fortschreitenden Prüfungszeit entsteht dann ein gedankliches Gebäude, dass den Prüfern Klarheit verschafft über den Umfang, die Tiefe und die Qualität des Wissens, das der Prüfling präsentiert.

Wenn ein Prüfungsgespräch unglücklich läuft, dann ist die Ursache oft darin zu sehen, dass dieser eben beschriebene Prozess nicht in Gang kommen wollte oder ständig unterbrochen wurde. Das Prüfungsgespräch läuft dann in der Weise ab, dass der Prüfer eine Frage stellt, der Prüfling in seiner Antwort sich nicht recht entscheiden kann, welchen Hauptpunkt er beleuchten will. Es wird etwas geäußert, dass zwar richtig ist, aber an dieser Stelle des

Gespräches nicht recht passen will. Es ist dann so, als ob, um in dem Eingangsbeispiel weiterzugehen, auf einer Baustelle, auf der gerade das Fundament gegossen wird, schon die Ziegelsteine für das Dach geliefert würden. Jedem ist klar, dass dieses Material benötigt wird, doch erst viel später. In diesem Moment stören die Ziegelsteine mehr, als dass sie nutzen, weil sie benötigten Raum einnehmen und den Baufortgang mehr behindern als fördern.

Der Prüfer stellt sich auf diese Situation ein und versucht nun gemeinsam mit dem Prüfling zu klären, dass die Inhalte seiner Äußerung zurückgestellt werden und kommt auf seine ursprüngliche Frage zurück. Den Prüfling irritiert nun, dass er erneut mit der Eingangsfrage konfrontiert wird. Er kann nicht so recht einsehen, warum der Prüfer nicht weiter auf seine Argumente eingeht, denn er ist davon überzeugt, dass er richtig geantwortet hat. Er versucht es nun an einer anderen Ecke, indem er wiederum eine Antwort gibt, die für sich allein gesehen zwar richtig ist, aber wiederum nicht passen will. In unserem Beispiel gesprochen, wäre es so, als würde er nach der Fertigstellung des Fundamentes schon die Tapezierer aufmarschieren lassen. Das passt dem Prüfer nun überhaupt nicht und er geht nun gedanklich auf das Argument des Prüflings ein, um wenigstens an dem angebotenen Argument weiterzuarbeiten. Zu dem Stichwort, das ihm der Prüfling in seiner Antwort angeboten hat, stellt er ihm eine Zusatzfrage. Was würde nun geschehen, wenn der Prüfling sich besinnen würde und zu dem "Fundament" zurückkehren würde? Seine Antwort passt dann nicht zu der zuvor gestellten Frage, doch zu der Eingangsfrage. Die Folge ist, dass der Prüfer am Verzweifeln ist und der Prüfling nicht verstehen kann, was eigentlich los ist, weil er meint, dass er jeweils richtig geantwortet hat. Im Grunde genommen hat er das auch, doch stets an der falschen Stelle.

Dieses Beispiel soll Ihnen demonstrieren, wie wichtig es ist, dass während des gesamten Prüfungsgesprächs die gemeinsame Basis nicht verlassen werden darf. Bitte achten Sie darauf, dass Sie mit Ihren Prüfern gedanklich auf einer Stufe stehen. Durch den Gesprächsverlauf werden Sie dann beide, auf einer Basis stehend, nach oben getragen. Es ist so, als ob Sie auf einer Rolltreppe stehen würden und gemeinsam dem Ziel zustreben würden. Oben - am Ende der Rolltreppe bzw. des Prüfungsgesprächs - angekommen, stehen Sie dann auf einem anderen Niveau und können dann gemeinsam mit Ihren Prüfern Ihren Aufstieg überblicken. Deshalb verlassen Sie während des Gespräches nicht die gemeinsame Basis, sondern nutzen Sie den Rolltreppeneffekt zum Erfolg.

35. Überraschungen im Prüfungsgespräch erfolgreich meistern

"Ich war völlig irritiert, als ich in meiner Bilanzbuchhalterprüfung gefragt wurde, was ich tun würde, wenn ich in ein Geschäft ginge, um Butter zu kaufen, aber keine Butter vorhanden wäre", berichtete ein Prüfling nach seinem Prüfungsgespräch.

Diese Frage ist auf den ersten Blick wirklich verblüffend und erscheint witzig. Die Prüferin wollte bei dieser Frage auf einen bestimmten Fachbegriff hinaus und wollte zur Einleitung dieses undurchsichtige Beispiel gebrauchen, das den gut vorbereiteten Prüfling fast aus dem Gleichgewicht brachte, weil er nicht wusste, was er mit einer solchen Frage anfangen sollte.

Prüfer sind auch nur Menschen und es kann in einem mündlichen Prüfungsgespräch Irritationen verschiedenster Art geben. Es wäre zu wünschen, dass Sie in Ihrem Prüfungsgespräch von Irritationen, die von Ihren Prüfern ausgehen, verschont bleiben. Doch Sie müssen sich darauf einstellen, dass es Überraschungsmomente geben kann.

Überrascht sind Sie nur dann, wenn Sie mit einer Situation nicht gerechnet haben. Rechnen Sie also mit solchen Momenten. Dabei sollten Sie nicht versuchen, sich alle Möglichkeiten im Kopf auszumalen, die geschehen könnten. Diese Gedanken würden Sie nur nervös machen und Sie würden nicht produktiv sein, weil sie auf die Situation, die dann eintreten wird, sowieso nicht kommen würden.

Gefasst sein auf Überraschungsmomente bedeutet, dass Sie - wenn eine Irritation eintreten wird - sich dann in Gedanken sagen:"Jetzt habe ich es mit einem Überraschungsmoment zu tun!" Erst wenn Ihnen gedanklich klar ist, was geschieht, können Sie gegensteuern. Wie? Zum Beispiel indem Sie diese Situation benennen. Der Prüfling in dem obigen Beispiel, der sich in seiner Bilanzbuchhalterprüfung darüber verwunderte, warum er Butter kaufen sollte und diese Frage nicht einordnen konnte, hätte sagen können: "Ich bin über Ihre Frage überrascht, denn ich weiß nicht worauf Sie hinauswollen. Im Moment sehe ich keinen Zusammenhang, wie die Butter in mein Thema passen soll." Nun wäre die Situation benannt. Der Prüfer ist nun an der Reihe, denn so merkwürdig dem Prüfling diese Frage erschien, so merkwürdig ist sie mit Sicherheit auch den anderen Prüfern aus der Prüfungskommission erschienen, davon können Sie ausgehen.

Um das Gespräch auf die richtige Ebene zu bringen, gibt es nun mehrere Möglichkeiten: Entweder der Prüfer gibt einen Hinweis, dass ein logischer Zusammenhang erkennbar wird oder er erhält den Status aufrecht und sagt: "Beantworten Sie bitte meine Frage, dann werden Sie sehen worauf ich hinauswill!"

Angenommen es bleibt bei dem Rätsel, dann dürfen Sie frei heraussagen was Sie denken, denn auf merkwürdige Fragen sind sonderbare Antworten erlaubt. Wichtig ist, dass das Gespräch in Gang gehalten wird. Sie sollten sich nicht so erschrecken, dass Sie in absolutes Schweigen versinken. Wertvolle Zeit wäre vertan, Zeit in der Sie Ihr Wissen präsentieren könnten, um ein gutes Ergebnis zu erzielen.

Irritationen, die von Prüfern ausgehen, sind unangenehm, weil sie dem Prüfling die Möglichkeit nehmen, die Zeit für sich zu nutzen. Diese Irritationen sind von Ihren Prüfern aber oft nicht bewusst gewollt. Sie entstehen so manches Mal durch Gedankenlosigkeit und auch Unaufmerksamkeit durch die Prüfer.

Sie sollten deshalb so schnell wie möglich diese Situation überwinden und auf ein sicheres Thema kommen. Sie können und sollten die Initiative ergreifen, denn es ist Ihre Prüfung und Ihr Ergebnis.

Eine Irritation anderer Art ist, wenn Sie eine Antwort geben, von der Sie wissen, dass sie richtig ist, die Prüfer schon leicht zustimmend mit dem Kopf nicken, aber Ihr Gesprächspartner verneint und Ihre Antwort als falsch werten will. In einem solchen Fall liegt offensichtlich Ihr Prüfer falsch. Auch das kommt vor. Haben Sie den Mut und widersprechen Sie sofort. Aber bitte nur dann, wenn Sie sich Ihrer Sache ganz sicher sind. Ihren Widerspruch können Sie etwas mildern, indem Sie sagen: "Vielleicht habe ich mich verkehrt ausgedrückt, ich meine: ...". Nun formulieren Sie den Gedanken auf eine andere Art. Auf diese Weise wird Ihr Prüfer merken, dass er sich geirrt hat. Entweder Ihr Prüfer korrigiert sich mit den Worten: "So gesehen haben Sie recht, doch ich hatte etwas anderes im Sinn...", oder die anderen Prüfer machen ihn auf seinen Fehler aufmerksam. Sie müssen jedoch damit rechnen, dass die anderen Prüfer sich nur zögerlich einmischen werden, weil sie ihrem

Kollegen nicht ins Wort fallen wollen oder ihn nicht vor Ihnen bloßstellen wollen. Handelt es sich jedoch offensichtlich um ein Missverständnis, werden sie sich einmischen: dafür sind sie da! Werden Sie also nicht gleich nervös, wenn Ihr Prüfer nicht auf den neuesten Stand ist, auch das kann vorkommen. Doch das ist selten, weil sich die Prüfer in aller Regel schon vorher die Fragen zurechtlegen und auch die richtigen Antworten, und dies geschieht nicht selten in schriftlicher Form.

Eine weitere Irritation könnte auftauchen, wenn sich der Prüfer im Thema vergreift. Es könnte sein, dass er Ihnen eine Frage stellt, die weit über den Anspruch Ihres Prüfungsrahmens hinausgeht. Auch hier müssen Sie das Gespräch wieder auf eine Ebene lenken, die das Gespräch in Gang hält. Wie könnte man das tun? Der Prüfling könnte sagen: "Ich habe von diesem Problem gehört, bei meiner Prüfungsvorbereitung kam ich bei diesem Thema bis zu folgendem Punkt: ..." Nun erläutern Sie diesen Punkt. Sie nutzen mit diesem Vorgehen die Situation, Ihr Wissen zu präsentieren und führen gleichzeitig Ihrem Prüfer auf die richtige Bahn. Er wird seinen Fehler bemerken und sich anpassen. Das Gespräch bleibt in Fluss.

Sollten Sie auf Prüfer treffen, die in ihrem Verhalten nicht erkennen lassen, ob Sie richtig liegen mit Ihrer Antwort oder nicht, so lassen Sie sich nicht aus der Ruhe bringen. In der Regel werden Ihnen Ihre Prüfer Mut machen, in dem sie durch zustimmende oder ablehnende Gesten signalisieren, wie Sie Ihre Antworten aufnehmen. Sind die Gesichter Ihrer Prüfer starr und ohne eine Gefühlsregung, so konzentrieren Sie sich auf Ihr Wissen. Antworten Sie im Dreier- Rhythmus, bringen Sie Beispiele ein und setzen sie den Punkt, wenn Sie mit Ihren Darlegungen zu Ende sind.

Nicht irritiert sollten Sie sein, wenn man Sie bittet, etwas aus einem Gesetzbuch oder einem Schriftstück vorzulesen, oder wenn Sie gebeten werden eine Skizze an einer Tafel anzubringen. Mit diesen Situationen sollten Sie rechnen und gut darauf vorbereitet sein.

Überraschungsmomente werden nicht ganz vermeidbar sein, denn das Leben ist voller Überraschungen und die mündliche Prüfung ist ein Teil Ihres Lebens. Lassen Sie es jedoch nicht zu, dass das Gespräch abbricht, ins Stocken gerät und wertvolle Zeit verloren geht. Sie dürfen davon ausgehen, dass Irritationen, die von Ihren Prüfern ausgehen, selten sind und dass sie nicht beabsichtigt waren. Alle Prüfer wollen, dass Sie Ihre Leistung präsentieren können und Sie wissen auch, dass in einem Prüfungsgespräch nur ein Bruchteil Ihres Wissens zutage gefördert werden kann.

Das will ich mir merken!

1. Argumente sind wie Bausteine, weil

2. Es ist wichtig im Prüfungsgespräch eine gemeinsame Basis zu finden, denn...

3. Überraschungen im Prüfungsgespräch kann ich wie folgt begegnen:

36. Mut zur Lücke!

"Das Prüfungsgespräch begann ausgerechnet mit einem Thema, das ich am wenigsten beherrschte!", sagte der eine Prüfling und ein anderer erwiderte nach dem Prüfungsgegräch: *"Genau das Thema, das ich mir gestern noch einmal angesehen habe, war der Gegenstand meiner Prüfung. Alles lief glatt!"*

Wenn auch die Themen des Prüfungsgespräches durch die Prüfungsordnungen eingegrenzt sind, so ist die Vielfalt an möglichen Themen doch oft sehr groß. Welches Thema gewählt wird, wie das Gespräch läuft, hängt oft von Unwägbarkeiten ab, die nicht genau begründbar sind.

Nicht immer ist der Prüfungskandidat gut vorbereitet oder beherrscht sein Fachgebiet sicher. Personen, die in ihren Leistungen während ihrer Ausbildung mit "ausreichend" bewertet wurden, haben einen anderen Stand in dem Prüfungsgespräch als diejenigen, die mit "gut" oder "sehr gut" bewertet wurden. Der Prüfling sollte sich seiner Lücken bewusst sein. Vor der mündlichen Prüfung sollte daher eine Bestandsaufnahme gemacht werden über das Wissen und über den Grad seiner Sicherheit, wie gut und schnell dieses Wissen parat zur Verfügung steht. Eine Möglichkeit der Bestandsaufnahme besteht darin, sich eine Liste mit drei Spalten anzufertigen, die folgende Überschriften trägt: Sicher, unsicher, lückenhaft.

Nehmen Sie sich nun die Prüfungsordnung zur Hand und notieren Sie sich die Themen und Stichworte, die Gegenstand des Prüfungsgespräches sein werden, in die entsprechenden Spalten. Gleichzeitig vermerken Sie sich hinter diesen Stichworten - nach der gleichen Methode, wie sie schon in dem Kapitel "Die Grenzen abstecken mit Hilfe der Prüfungsordnung" (Kapitel 11, Seite 45f) gezeigt wurde - in Klammern ein Ausrufezeichen (!) für wichtig, zwei Ausrufezeichen (!!) für sehr wichtig und drei Ausrufezeichen (!!!) für unverzichtbar. Nach dieser Arbeit schauen Sie sich diese Spalten an und analysieren Sie wie folgt: Finden Sie in der Spalte "lückenhaft" ein Stichwort mit drei Ausrufezeichen, dann werden Ihre Prüfer diesen Punkt für unverzichtbar halten und die Wahrscheinlichkeit ist sehr hoch, dass dieses Thema berührt werden wird. Sollten Sie Lücken aufweisen bei diesem Thema, dann werden Ihre Prüfer nicht bereit sein, dieses Thema schnell fallen zu lassen. Diese Stichworte müssen Sie vor Ihrem Prüfungsgespräch unbedingt aufarbeiten, so dass Sie diese Sachverhalte in die Spalten "sicher" bis "unsicher" einordnen können.

Themengebiete und Stichworte in der Spalte "lückenhaft" mit einem Ausrufezeichen, werden Sie relativ schnell in einem Prüfungsgespräch bearbeiten können und die Prüfer werden bereit sein, das Thema zu wechseln, wenn Sie in Ihrer Antwort Fachvokabeln von der Qualität (!!!) einfließen lassen, weil Sie dann geschickt auf Themen von unverzichtbarem Wert überleiten. Auf diese Weise können Sie das Gespräch steuern.

Sollten Sie bei Themen und Stichworten, die Sie mit einem Ausrufezeichen markiert haben, keine passende Antwort parat haben, bringt das zwar Minuspunkte in der Gesamtbewertung ein, doch der Prüfungserfolg wird dadurch nicht gefährdet werden. Auf der anderen Seite wird es bei diesen Stichworten nicht viel Mühe bereiten, noch etwas nachzurüsten und sich vor der Prüfung mit diesen Stichworten zu befassen, je nachdem wie viel Zeit Ihnen noch für die Prüfungsvorbereitung bleibt.

Wann beherrschen Sie Ihre Fachvokabeln und Themengebiete sicher? Das ist der Fall, wenn Sie diese Fachgebiete im Dreier-Rhythmus (Siehe Kapitel 8) bearbeiten können und mit einem praktischen Beispiel versehen können. Diese Bearbeitung sollte Ihnen flüssig von der Hand gehen und in Ihre Antworten sollten Sie andere bzw. spezifische Fachvokabeln einarbeiten können.

Mut zur Lücke haben heißt, sich in der Kürze der verbleibenden Zeit, die Sie für die Prüfungsvorbereitung zwischen der schriftlichen und der mündlichen Prüfung zur Verfügung habe, sich auf die Fachgebiete in der Spalte "lückenhaft" zu konzentrieren und hier speziell die Stichworte mit drei Ausrufezeichen intensiv zu bearbeiten, um Ihren Wissensstand in kürzester Zeit noch zu erhöhen, selbst wenn Sie sich bewusst sind, dass nicht alles bis auf den Grund ausgelotet werden kann, so können Sie sich durch dieses Vorgehen noch knapp vor der Prüfung verbessern und dadurch Ihr Gesamtergebnis erfolgreich steigern.

Haben Sie deshalb Mut zur Lücke, denn unsicheres Wissen ist besser als kein Wissen. Lücken bei unverzichtbaren Prüfungsthemen sind wie "schwarze Löcher im Weltall", die Sie verschlingen können und eine Rückkehr aus diesen Strudeln ist dann nicht mehr möglich.

37. Die eigenen Grenzen kennen

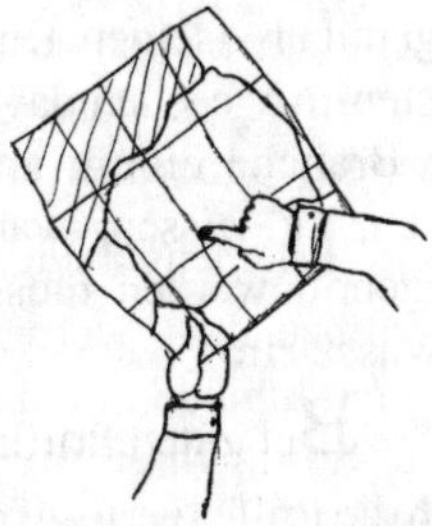

"Zu Ihrer Frage habe ich noch keine Erfahrungswerte," sagte der Prüfling und fuhr weiter fort, *"doch ich könnte mir denken, dass es sich um .... handelt."*

Ist es negativ für den Prüfling, wenn er über das geforderte Prüfungswissen keine Erfahrungswerte besitzt? Nein, nicht in jedem Fall. Besonders dann nicht, wenn es sich um Wissen handelt, das Spezialgebiete seiner Branche berührt und wenn es um Fragestellungen geht, bei denen es auch den Prüfern klar ist, dass es nicht selbstverständlich ist, dass der Prüfling schon ein Fachmann geworden ist und er wahrscheinlich wenig Berührungspunkte in der Praxis haben konnte.

In einem solchen Fall leiten Sie Ihre Antwort auf eine ähnliche Weise ein, wie der obige Prüfling es tat. Liegen Sie mit Ihrer Antwort richtig, dann sammeln Sie Pluspunkte. Sollte Ihre Antwort nicht ganz den Kern treffen oder fehlerhaft sein, dann wird es das Gesamtergebnis wenig beeinflussen, wenn es - wie gesagt - sich um besondere Fragestellungen handelt, deren Bewältigung nicht ohne weiteres als selbstverständlich angesehen werden können. Es ist normal, dass Sie während Ihres Prüfungsgespräches an Ihre Grenzen stoßen werden und es ist wahrscheinlich, weil der Prüfungsausschuss in seiner Beurteilung Ihrer Leistung feststellen muss, ob Ihre Leistung als "ausreichend", "befriedigend", "gut" oder als "sehr gut" einzustufen ist. Werden Sie also nicht nervös, wenn Sie an Ihre Grenzen stoßen. Etwas nicht zu wissen, ist im Prüfungsgespräch noch keine Katastrophe. Jeder Ausbildungsgang verläuft in einer anderen Art und Weise, und die Erfahrungswerte müssen daher unterschiedlich sein.

Wichtig ist, dass Sie im Gespräch mit Ihren Prüfern eine gemeinsame Basis finden, und dass das Gespräch in Fluss bleibt. Wenn Sie sich während Ihrer Prüfungsvorbereitung mit den Themen Ihrer Prüfungsordnung gut vertraut gemacht haben, so sind Sie auf der sicheren Seite und es wird während des Prüfungsgespräches keine Überraschungen geben, sondern es wird um die Einstufung Ihrer Leistung bzw. die Qualität Ihrer Darlegungen gehen. Die eigenen Grenzen zu kennen, kann in einigen Berufsfeldern als ein positiver Aspekt gewertet werden, weil es Berufe gibt, bei denen grobe Fehler Ihren Arbeitgeber teuer zu stehen kommen können, denn er muss anderen gegenüber - seinen Kunden - dafür einstehen und eventuell Schadenersatz leisten. Abgesehen davon, ist auch sein Ruf in seiner Branche tangiert, denn die Branche nimmt amüsiert die Fehler ihrer Konkurrenten auf. Grenzen sehen, zu wissen, wann unbedingt höherer bzw. anderer fachlicher Rat eingeholt werden muss, zeigt Handlungskompetenz und Verantwortungsbewusstsein.

Bei guten Prüflingen und bei Prüfungen von hohem Anspruch lassen sich die Prüfer gern auf eine fachliche Diskussion ein, um zu erkennen, wie tief der Prüfling seinen Stoff beherrscht bzw. wie weit er in der Lage ist, das Problemfeld abzustecken und zu erfassen. Diese Gespräche laufen in der Regel sehr partnerschaftlich ab und es können sich die Ebenen zwischen Prüfern und Prüfling leicht verwischen. Doch bleiben Sie auf der Hut und überlegt! Werden Sie nicht übermütig in Ihrer Argumentation, weil unerforschte Gebiete für den Unerfahrenen einem Dschungel gleichen können, in denen man sich schnell verlaufen kann und in dem bekannte Gefahren lauern können. Vergessen Sie also nicht, dass Sie sich in einer Prüfungssituation befinden.

Die eigenen Grenzen kennen, zeigt Fach- und Handlungskompetenz. Aber es zeigt auch, Wege zu kennen, die in eine größere Spezialisierung führen. Das Ziel Ihrer Prüfung mag auf diesem Weg liegen. Ihre Prüfung kann eine Zwischenstufe darstellen zu einem höheren Aufstieg. Wenn der Gipfel, das heißt der oberste Wissensgrad in Ihrer Branche durch das erfolgreiche Ablegen Ihrer Prüfung noch nicht erreicht wird, dann hat auch der Themenbereich in Ihrem Prüfungsgespräch seine Grenzen und diese Grenzen müssen auch Ihre Prüfer akzeptieren. Schießt ein Prüfer mit seinen Fragen unbedacht über das Ziel hinaus, so können Sie darauf vertrauen, dass in der Besprechung über das Ergebnis und die Beratung Ihrer Leistung die anderen Prüfer ihn wieder auf den Boden der zu erbringenden Leistungen zurückholen werden. In die Bewertung Ihrer Prüfungsleistung werden nur Bereiche eingebracht, die durch die Prüfungsordnungen abgedeckt sind.

Mut und Pfiffigkeit sind gefragt, wenn eine Fragestellung nicht in der Ihnen gewohnten Art und Weise formuliert wird und wenn Ihr Prüfer mit seinen Forderungen an Sie etwas über den Rand der "Suppenschüssel" hinausblickt. Zeigen Sie Persönlichkeit, meistern Sie diese Herausforderung, doch sind Sie sich auch Ihrer berechtigten Grenzen bewusst, und Sie dürfen auch Ihre Grenzen aufzeigen, denn nur das Weltall ist unendlich!

38. Wer sollte das Thema wechseln?

"Bleiben wir noch etwas bei diesem Punkt", sagte der Prüfer und fixierte den Prüfling, indem er ihm fest in die Augen schaute und seine nächste Frage formulierte, die der Prüfling bangend erwartete.

Nicht alle Themen werden von einem Prüfling gleich gut und sicher beherrscht. Das ist verständlich und logisch, weil es Interessengebiete gibt, von denen der Prüfling mehr angetan ist als von anderen. Das Prüfungsgespräch deckt nur eine gewisse Bandbreite der Fachgebiete ab. Es wäre nun fast ideal, wenn das Gespräch nur die Stärken des Prüflings berühren würde.

Von Zeit zu Zeit mag diese Situation vorkommen, doch die Wahrscheinlichkeit, dass auch Themen berührt werden, die Sie nicht so sicher beherrschen, ist sehr hoch. Die Frage ist nun, wie Sie Ihre Prüfer dahin führen können, dass Ihre starken Themen behandelt werden. Die Antwort ist einfach: Sie erreichen es dadurch, dass Sie diese Themen ansprechen.

Der Rhythmus des Prüfungsgespräches ist meist von der Art, dass eine Frage bzw. ein Gedanke auf den anderen aufbaut. Bringen Sie Ihre starken Themen nicht ins Spiel, so brauchen Sie sich nicht wundern, wenn das Gespräch sich in anderen Regionen aufhält.

Wenn auch die meisten Prüfungsordnungen dem Prüfling einen gewissen Gestaltungsfreiraum gestatten, so ist es doch häufig so, dass dieser Gestaltungsrahmen von dem Prüfling nicht genutzt wird oder ungeschickt gehandhabt wird.

Ist das Gespräch erst einmal abgedriftet und der Prüfling verstrickt sich im Allgemeinformulierungen und Ungenauigkeiten, so verliert er meist den Mut, dem Gespräch eine neue Wende zu geben, indem er durch gezielte Nennung von Fachvokabeln zu anderen Themen überleitet. Dass die Fachvokabeln untereinander gedanklich verknüpft sind und so als Brücken zu anderen Themen überleiten können, wurde schon dargestellt. Vor dem Antritt zum Prüfungsgespräch sollten die Wege zu diesen Brücken gekannt werden und trainiert werden, damit dann in der Hektik der Prüfungssituation die Gesprächsführung von Seiten des Prüflings erleichtert wird.

Die Frage steht nun im Raum, wer denn das Thema im Prüfungsgespräch wechseln sollte: Die Prüfer oder der Prüfling? Die Prüfer werden ohnehin dazu neigen, die Themenbereiche auszuschöpfen, und dadurch ist von vorneherein ein Themenwechsel gegeben. Hinzu kommt, dass die Prüfungskommission die Themenbereiche etwas aufteilt und alle Prüfer in der Regel einen Teil des Gespräches übernehmen, so dass auch in diesem Punkt ein Themenwechsel durch den Wechsel des Gesprächspartners angezeigt ist.

Doch auch innerhalb dieser Themenbereiche, die ein Prüfer vertreten mag, gibt es wiederum Themenblöcke, die Ihnen unlieb sind und die Sie lieber vermeiden wollen. Das aber wissen Sie am besten, wenn Sie an Ihre Prüfung denken.

Wenn Sie zu plötzlich das Thema wechseln, dann kann es dazu führen - wie das Eingangsbeispiel belegt -, dass Ihr Prüfer Sie mit einer Zusatzfrage wieder zurückholt und dann wird die Angelegenheit noch unangenehmer, weil er es dann genau wissen will.

Ein zu offener Themenwechsel von Seiten des Prüflings wird als Flucht gewertet und das, was nicht gewollt ist, wird dann wahr. Anstelle also zu offen den Themenwechsel anzubringen, leiten Sie über zum nächsten Thema. Zeigen Sie Wege auf, nennen Sie Verbindungen zu anderen Themenbereichen und Ihre Prüfer werden ganz natürlich über die Brücke gehen, die Sie vorschlagen.

Sollte Ihnen diese Art der Gesprächsführung nicht gelingen und der Prüfer Sie mit einer ganz konkreten Frage festnageln, weil Sie passen müssen, dann bekennen Sie Farbe und geben Sie zu, dass dieser Bereich nicht Ihre Stärke ist. Dies führt dann zu Minuspunkten, aber das Gespräch wird dann schnell auf andere Ebenen geführt werden und Sie werden Gelegenheit finden, diesen Schnitzer auszugleichen. Wichtig ist auch in einer solchen Situation, dass Sie die Initiative übernehmen und das Gespräch in Gang halten, anstatt wertvolle Zeit zu verschenken.

Nutzen Sie den "Zoomeffekt" zu Ihren Gunsten aus. Werden Sie im Prüfungsgespräch zu stark durch die Fragen Ihrer Prüfer eingeengt, dann leiten Sie über zu größeren Gedanken bzw. zu Hauptthemen in Ihrer Antwort. Auf der übergeordneten Ebene ist es leichter unmerklich das Thema zu wechseln. Sollten Sie jedoch durch breit angelegte Fragen befürchten, ins Schwimmen zu kommen, dann greifen Sie sich einen Punkt aus dieser Frage heraus, den Sie gut kennen, und antworten Sie konkret zu diesem Punkt. Durch diese Vorgehensweise halten Sie dann den Prüfer an diesem Punkt. Denken

Sie an Ihren Fotoapparat. Durch den Zoomeffekt können Sie das Fotoobjekt näher "heranholen" oder weiter "von sich schieben". Auch mittlere Einstellungen sind möglich. Von der mittleren Einstellung sind beide Wege möglich, sowohl der Weg ins Große wie ins Kleine, ohne dass dadurch ein zu starker Gedankenwechsel hervorsticht.

Wechseln Sie geschickt und flüssig den Themenbereich, dann werden Sie Ihren Prüfern einen bunten "Teller" Ihres Gesamtwissens präsentieren. Zum Schluss werden Ihre Prüfer von allem etwas probieren können, so wie man sich durch ein leckeres Buffet isst, Häppchen für Häppchen. Diese "Häppchen" sollten Sie jedoch gut vorbereiten und nett garnieren, denn so wie das Auge mitisst, so mögen auch Prüfer es, wenn das Fachwissen, besonders die Fachvokabeln, durch eine dynamische und aufgeschlossene Persönlichkeit angeboten werden. Ein bunter Teller macht satt. Ihre Prüfer werden zufrieden sein und beginnen, Ihre Leistungen zu loben, so wie ein höflicher Gast nach dem Essen die erfolgreiche Leistung einer guten Köchin zu loben beginnt.

Verschiebe nichts auf morgen, woraus du dich heute herauswinden kannst.

Das hilft mir weiter!

1. Lücken im Fachwissen entdecke ich, wenn ich...

2. In folgenden Spezialgebieten kenne ich mich gut aus:

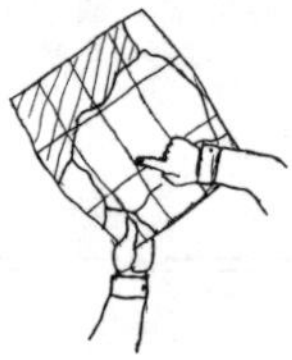

3. Folgende Fehler will ich vermeiden!

39. Die häufigsten Fehler vermeiden!

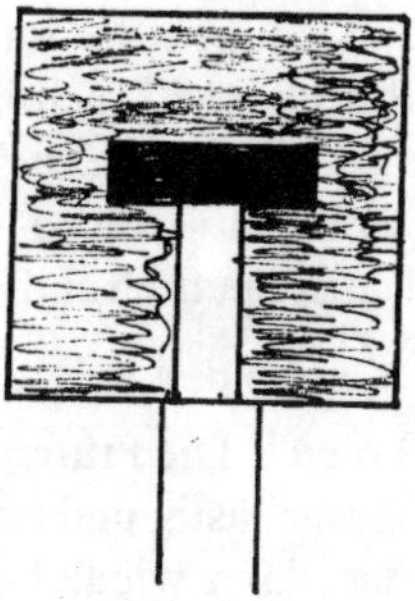

"In meinem Prüfungsgespräch schien anfänglich alles schief zu gehen!", berichtete ein Prüfling ziemlich frustriert.

Abgesehen von Ihrem kurzen Vortrag am Beginn der mündlichen Prüfung haben Sie es mit einem Prüfungs**gespräch** zu tun. Ein Gespräch zeichnet sich dadurch aus, dass nicht nur einer spricht, sondern beide Gesprächspartner. Weil es sich um ein Prüfungsgespräch handelt, überlässt man Ihnen logischerweise den größeren Teil des Gespräches, um Ihr Wissen und Ihre Erfahrungswerte aus Ihren Antworten herauszuhören, denn Ihre Prüfer wollen Ihre Fachkompetenz beurteilen.

Nun sind wir an einem wichtigen Punkt angelangt. Das Gespräch hat den Zweck, dass **Sie** Ihr Wissen präsentieren. **Sie** müssen reagieren, **Sie** wollen doch ein gutes Ergebnis bescheinigt bekommen.

Das bedeutet, dass von Ihnen die Initiative ausgehen muss, um erfolgreich zu sein, obwohl offiziell Ihre Prüfer das Gespräch durch ihre Fragen leiten. Lassen Sie sich also nicht bitten, drängeln oder locken. Sagen Sie mutig, was Sie wissen. Präsentieren Sie Ihre Fachvokabeln. Die Fachvokabeln sind es, die in den Gesichtern Ihrer Prüfer Entzücken hervorrufen werden. Drücken Sie sich klar aus, nicht undurchsichtig, nebulös, sondern klar und verständlich. Der Fachmann qualifiziert sich durch seine Fachsprache.

Der häufigste zu beobachtende Fehler ist der, dass auf eine gestellte Frage mit einem Ausnahmetatbestand geantwortet wird. Ausnahmen bestätigen zwar die Regel, doch Ausnahmen sind oft kompliziert. Viele Prüflinge glauben, dass sie Punkte sammeln können, wenn sie etwas Besonderes erwähnen. Das Gegenteil ist jedoch der Fall. In den meisten Fällen wird im Gespräch deutlich, dass der erwähnte Ausnahmetatbestand nicht sicher beherrscht wird. Hinzu kommt, dass es nicht das ist, was Ihre Prüfer hören wollen. Sie werden nicht zum Ausnahmespezialisten geprüft. Man will wissen, ob Sie die normalen, gängigen Sachverhalte verstehen, beherrschen und lösen können.

Machen Sie es sich also nicht so schwer oder schwerer als nötig. Sagen Sie bitte das, was man hören will und die Sache geht gut für Sie aus. "Doch wie soll ich dabei vorgehen?", wird mancher Prüfling fragen. Die Antwort ist einfach: Kommen Sie im Gespräch auf einen konkrekten Punkt. In einem guten Prüfungsgespräch ist das ständig der Fall. Antworten Sie im Dreier-Rhythmus. Durch diese Methode wirken Ihre Antworten vollständig und kompetent. Antworten Sie ohne zu zögern. Sprechen Sie flüssig, nicht zu schnell, aber deutlich und klar. Antworten Sie in vollständigen Sätzen!

Vermeiden Sie es, zu sagen: "Würden Sie bitte Ihre Frage noch einmal wiederholen?" Die Prüfer wiederholen die Frage natürlich noch einmal, doch das ist für sie lästig und unangenehm. Wenn Ihnen etwas in der Fragestellung unklar ist, dann wiederholen Sie selbst die Frage und weisen Sie auf den unklaren Punkt hin. Sie werden dann ein Stichwort genannt bekommen, das Ihnen weiterhelfen wird. Durch einfaches Wiederholen der Fragestellung durch Ihre Prüfer wird der Sachverhalt unter Umständen für Sie nicht klarer und Sie müssten dann ohnehin nochmals nachfragen.

Wenn es Ihnen schwer fällt, alle Punkte in einer Frage zu erfassen, dann konzentrieren Sie sich zunächst auf einen Hauptpunkt der Frage. Ist das Gespräch erst einmal in Fluss, werden die anderen Punkte kein Problem darstellen, denn Ihre Prüfer fragen dann schon nach und werden die anderen Hauptpunkte der Fragestellung in Erinnerung bringen.

Verwenden Sie nicht zu lange Pausen. Das Gespräch wirkt sonst gequält und mühsam. Sprechen Sie aber auch nicht zu schnell oder zu hektisch, weil Sie sonst wichtige Punkte übersehen und Sie sich ständig korrigieren müssten. Wählen Sie in Ihren Antworten kurze Sätze, denn dadurch behalten Sie den Überblick über das Thema.

Hören Sie gut zu und nehmen Sie zu den konkret gestellten Fragen Stellung, weil Sie sonst das Thema verfehlen. Denken Sie nicht zu kompliziert. Die geforderten Sachverhalte sind oftmals einfacher gedacht, als sie sich auf den ersten Blick darstellen.

Versuchen Sie locker zu bleiben, sehen Sie in Ihren Prüfern keine Gegner, sondern Partner. Arbeiten Sie aktiv auf ein erfolgreiches Ziel hin. Zeigen Sie, was Sie gelernt haben und was Sie können. Denken Sie stets daran, es ist Ihre Prüfung und das Ergebnis müssen Sie sich erarbeiten.

40. Schwächen machen sympathisch!

"Als ich merkte, dass ich mich geirrt hatte und bei meiner Antwort voll daneben gegriffen hatte, wurde ich rot bis hinter die Ohren. Es war mir entsetzlich peinlich!"

Wenn ein über zwei Meter großer, breitschultriger, junger Mann rot wird bis hinter beide Ohren, dann ist ihm das peinlich und er möchte sich gerne in Luft auflösen, während andere diese Reaktion "süß" finden. Schwächen haben zwei Seiten: sie machen verlegen und auch sympathisch.

Fürchten Sie Ihre Schwächen nicht, sondern akzeptieren Sie, dass Sie selbst Schwächen haben. Doch auch Ihre Prüfer haben Schwächen, Ihre Vorgesetzten, Ihre Mitarbeiter usw. Es gibt nichts Vollkommenes auf dem menschlichen Gebiet unter der Sonne.

In einem Prüfungsgespräch werden nur Ihre Schwächen, nicht die Ihrer Prüfer sichtbar. Dieser Gedanke macht einige Prüflinge nervös, doch es wird nichts nutzen. Das Prüfungsgespräch selbst erzwingt diese Situation. Ein Prüfling sollte deshalb damit rechnen, dass Schwächen sichtbar werden. Das Erröten ist eine harmlose Angelegenheit und es ist zu hoffen, dass ein Prüfling, der mit dieser Angelegenheit zu kämpfen hat, es schon vor seinem Prüfungsgespräch gelernt hat zu lächeln, wenn ihm innerlich die Hitze in den Kopf steigt, denn er weiß ja, dass er dieses Gefühl nicht unterdrücken kann.

Schwächen können sich auch inhaltlich im Prüfungsgespräch zeigen. Ein Prüfer, der schon jahrelang in einem bestimmten Bereich Prüfungen erlebt, weiß, wie an bestimmten Stellen im Sachverhalt argumentiert wird, er kennt die Fallgruben, ihm ist in vielen Fällen schon vorher bekannt, bevor er seine Fragen stellt, in welche Richtung der Prüfling marschieren kann.

Sollten Sie merken, dass Sie den falschen Weg eingeschlagen haben, so korrigieren Sie sich, sobald Ihnen Ihr Irrtum bewusst wird. Wenn Sie gedanklich in einer Zwickmühle stecken, dann nehmen Sie mutig einen neuen Ansatz. Denken Sie daran, dass Sie nicht der Erste sind, der sich in dieser Fragestellung vertan oder sich auf gefährliches Eis in seiner Argumentation begeben hat. Wenn Sie einbrechen, dann ergreifen Sie die rettende Hand Ihres Prüfers, denn er ist daran interessiert, dass Sie Ihre "Kür", Ihren Lauf vollenden. Man wird Sie nicht "ertrinken" lassen.

Fehler sind auch in einem Prüfungsgespräch erlaubt, und Sie wären nicht der Erste, wenn Sie etwas Wesentliches in dem Prüfungsgespräch über Ihr Fachgebiet gelernt hätten, etwas, was Ihnen vorher nicht so klar gewesen ist, weil vielleicht durch die Art der Fragestellung und der Gesprächsführung Sie plötzlich das Thema in einem anderen Zusammenhang sehen. Ein Stolpern ist noch kein Beinbruch. Nehmen Sie also Ihre Schwächen an und nehmen Sie es gelassen hin, wenn Ihnen der Prüfer eine Sache erklärt, die Sie eigentlich gewusst haben, aber die Situation oder Ihre Darstellung unglücklich gelaufen ist. Schauen Sie in Ihrem Prüfungsgespräch nicht zurück, sondern voraus. Halten Sie das Gespräch in Gang, indem Sie sich auf neue Punkte konzentrieren.

Sind Punkte verloren, so akzeptieren Sie. Machen Sie neue Punkte, indem Sie neues Fachwissen in die Waagschale werfen. Die Zeit ist kostbar und kann genutzt werden. Wenn das Gespräch gelaufen ist, mögen Sie sich K.o. fühlen, doch lassen sie sich nicht auszählen. Stehen Sie auf und nehmen Sie den Kampf erneut auf, denn gesiegt wird nach Punkten!

> Wir müssen die Zeit als Werkzeug benutzen, nicht als Couch.
>
> John F. Kennedy

41. Wenn es gar nicht weiterzugehen scheint!

"Würden Sie uns kurz schildern, auf welchem Gebiet Sie zuletzt gearbeitet haben?", fragte der Prüfer forschend.

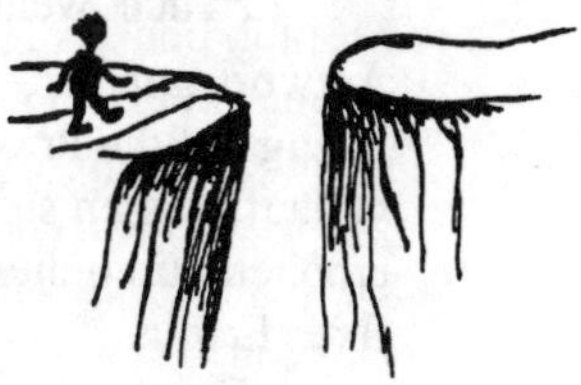

Wenn die obige Frage einem Prüfling zu Beginn des Prüfungsgesprächs gestellt wird, so handelt es sich um eine freundliche Geste von seinen Prüfern. Man will ihm durch eine kurze Schilderung seiner Tätigkeiten die Gelgenheit geben, den Prüfern Einblick in seine Tätigkeit zu gewähren. Die Prüfer wollen dann, ausgehend von den praktischen Erfahrungswerten, das Prüfungsgespräch zu den erforderlichen theoretischen Ansätzen führen.

Wenn jedoch diese oder eine ähnliche Frage in der Mitte oder gegen Ende der Prüfungszeit gestellt wird, so signalisiert eine solche Frage, dass dem Prüfling noch eine letzte Gelegenheit gegeben wird, sein Wissen über den Weg der Praxiserfahrung zu präsentieren. Das vorherige Gespräch ist dann nicht so gut gelaufen oder es waren zu viele Lücken vorhanden. Der Prüfling steht am Abgrund, nur noch ein kleiner Schritt in die falsche Richtung und er ist verloren. Diese Frage soll ihm jedoch eine Brücke bauen, um doch noch auf die erstrebte Seite zu gelangen. Es ist nun äußerste Vorsicht geboten, dass kein Fehltritt getan wird, denn sollte der Prüfling nach der Schilderung seiner bisherigen, täglichen Arbeit dann auf eine Frage nicht sicher antworten können, die ihm sehr vertraut sein müsste, so werden sich Prüfer und Prüfling in einem erneuten Prüfungsgespräch zu einem anderen Zeitpunkt wiedersehen.

Eine gute Vorbereitung und die Beachtung der in den vorherigen Kapiteln geschilderte Vorgehensweise wird Sie sicherlich nicht in diese Situation gelangen lassen. Es kann jedoch sein, dass Sie durch die Ergebnisse Ihrer schriftlichen Arbeiten selbst wissen, dass Sie am Abgrund stehen und dass der Prüfungserfolg schon von vorneherein gefährdet war, und deshalb sollten Sie sich mit der Beantwortung der obigen Frage vertraut machen.

Aber auch für alle diejenigen, deren Prüfungserfolg nicht gefährdet erscheint, ist es anzuraten, sich vor der mündlichen Prüfung mit dieser Frage auseinanderzusetzen, weil Prüflinge, die nach ihrer täglichen Arbeit befragt werden, auf den ersten Blick nicht wissen, was sie antworten sollen. Eine gute Vorbereitung auf diese Frage würde aber dem Prüfling die Gelegenheit geben, das Gespräch in eine positive Richtung zu lenken.

Auch wenn Sie nicht gefährdet sein sollten, so bereiten Sie die Antwort gut vor, denn sollte das Gespräch ins Stocken geraten, kann ein Bezug auf die Praxis der rettende Anker sein. Selbst wenn das Gespräch gut verläuft, lassen sich Hinweise aus der Praxis an vielen Stellen einbauen. Sie erhöhen durch diese Hinweise Ihre Fachkompetenz und optimieren dadurch Ihren Erfolg.

Doch bitte übertreiben Sie nicht, denn für einen erfahrenen Prüfer ist es schnell festzustellen, ob Sie wirklich in den genannten Tätigkeiten sicher sind oder nicht, auch wenn ein jeder Betrieb etwas anders organisiert ist. Übertreibungen helfen nicht weiter, sondern können schnell zu einer Schlinge werden, in der man sich verfangen kann.

Wenn es Ihnen jedoch gelingt, Ihre Praxiskenntnisse mit in das Prüfungsgespräch einfließen zu lassen, dann hat das für Sie den Vorteil, dass man Ihnen anmerkt, dass Sie genau wissen, wovon Sie reden. Sie können dann überzeugend und sicher argumentieren, weil vor Ihrem geistigen Auge eine klare Vorstellung auftaucht. Nur die Praxis wiederzugeben ist jedoch zu wenig, wenn nicht die fachspezifischen Aspekte der Fragestellung und die dazu gehörenden theoretischen Ansätze und wie diese sich in der Praxis wiederfinden lassen, dargestellt werden. Beides zusammen ergibt ein gutes Bild, eine Brücke, über die Sie gehen können.

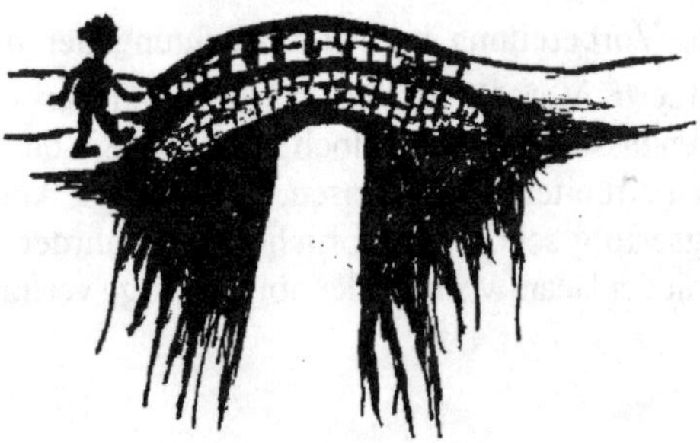

42. So haben Sie Ihre Nervosität im Griff!

"Ich war schrecklich aufgeregt bei meiner Prüfung und erst nach einer Weile konnte ich mich beruhigen!", erklärte ein Prüfling nach seinem Prüfungsgespräch.

"Ich kenne niemanden, der nicht aufgeregt und nervös vor dem Prüfungsausschuss erscheint", berichtete ein erfahrener Prüfer. Ein Prüfungsgespräch ist eine Stresssituation für den Prüfling. Stress mobilisiert unseren Körper. Die Nerven werden überanstrengt, um auf alle Reize schnell reagieren zu können. Prüfungsstress ist normal und gehört zu einer Prüfung dazu.

Wenn Sie also vor Ihrer Prüfung schlecht schlafen sollten, zappelig sind und ins Schwitzen geraten, dann bemühen Sie sich nicht, diese Reaktionen unterdrücken zu wollen, denn es wird Ihnen nicht oder nur schlecht gelingen. Die Nervosität lässt sich nicht abstellen, aber zähmen. Eine gute Vorbereitung ist die beste Möglichkeit, die Aufregung gering zu halten. Wenn Sie wissen, dass Sie gut vorbereitet sind und die Techniken und Ratschläge dieses Buches eingeübt und trainiert haben, werden Sie trotz Ihrer Nervosität die Übersicht während des Prüfungsgespräches nicht verlieren und einen guten Eindruck machen.

Einige Personen beruhigt es, wenn sie während des Gesprächs etwas in der Hand halten. Ab und zu einen Gegenstand zu umklammern, in der Faust halten, baut Nervosität ab. Etwas in der Hand halten, gibt auch innerlich Halt. Doch was könnten Sie in Ihrer Prüfung in der Hand halten? Es könnte ein Buch sein, evtl. ein Gesetzbuch, sofern Sie es während Ihrer Prüfung benutzen dürfen. Wenn das nicht gestattet ist, so können Sie aber einen Kugelschreiber in der Hand halten, an dem Sie herumspielen können. Probieren Sie aus, ob Ihnen diese Methode hilft.

Andere Personen beruhigen sich durch autogenes Training oder indem sie ihre Gedanken kurz auf andere Dinge lenken, indem sie sich z.B. ein Foto ihres Partners oder ihrer Kinder anschauen. Auch das ist eine gute Möglichkeit, sich vor der Prüfung, jedoch nicht während des Prüfungsgesprächs zu beruhigen. Ganz gleich, welche Methode Sie anwenden, um sich zu beruhigen, so sollten Sie sich jedoch auf keinen Fall durch Medikamente oder Alkohol zu beruhigen versuchen.

In den meisten Fällen vergeht die Aufregung schnell, wenn das Prüfungsgespräch begonnen hat. Je stärker Sie sich auf die Fragen Ihrer Prüfer und Ihre eigenen Antworten konzentrieren, umso schneller werden sie ruhiger werden.

Wenn Sie jedoch wissen, dass Sie eine Person sind, die sich nicht so schnell beruhigen kann und wenn aus Ihrer Nervosität Angst wird, Angst mit heftigen körperlichen Reaktionen, dann sollten Sie sich rechtzeitig vor Ihrer Prüfung an einen Psychologen wenden und ihn um Hilfe bitten. Es gibt Übungen, die Ihnen helfen können, Ihre Angst zu bewältigen und zu überwinden. Angst blockiert und macht starr und unbeweglich. Ein gutes Prüfungsgespräch lebt jedoch durch seine Dynamik und Lebendigkeit.

> Die größte Entdeckung meiner Generation ist die,
> dass der Mensch nur durch die Änderung seiner
> Einstellung sein Leben ändern kann.
>
> William James

Stichwortverzeichnis

A
Anforderungsprofil
  Persönlichkeit 19
  Prüfung 6
Anspruch
  Prüfling 12
Antworten
  am Thema vorbei 81
  Argumentation, extreme 122
  Argumentation, übermütig 116
  aufbauen 41
  Ausdrucksweise 115
  Beispiele 33
  Blickkontakt 36
  Detail 99
  direkte 101
  Dreiertakt 33
  Format 75
  Gedankenfolge 38
  gedanklich teilen 78
  Gerede, leeres 116
  kompetente 41, 98
  oberflächliche 74
  präzise 90
  Punkte, markante 33
  Sätze, kurze 34
  Schlenker 77
  Standpunkte, umstritten 122
  Substanz 75
  Umwege, gedankliche 77
  unübersichtliche 74
  vollständig 41, 81, 90
  Wortbrocken 99
  Worte, verständliche 99
  wortfaul 90
  zielsicher 78
  zügige 103
Argumente
  extreme 122
  klar 81
  platzieren 60
Aufgaben
  einordnen 85
  Problem 95
  Wahl 61
  zerlegen 46
Aufgabenstellung
  Beispiele 69
  Fachliteratur 45
  Lösungsmuster 45
  Repetitorien 45
Augenkontakt
  irritierender 38
  isolierender 38
  Persönlichkeit 35
  Selbstbewusstsein 92
Ausdrucksweise
  sprachlich 38
Ausstrahlung
  Mündliche Prüfung 22
  Persönlichkeit 18

B
Basis
  gemeinsame 131
  Prüfungsgespräch 123
Beispiele
  Antworten 33
  Aufgabenstellung 69
  Ausnahmetatbestand 34
  einfach 71
  Fragen 103
  gute 69
  Hauptgedanken 69
  Prüfer 70, 103
  Sackgasse 69
  Standardbeispiele 71
  treffende 34, 40
  typisch 34
  unübersichtliche 125
  vermerken 61
Berufsstand
  Abgrenzung 43
  Bild 17
  Eigenschaften 18
  Habitus 6
  Identifikation 37
  Persönlichkeit 6, 18
Bestandsaufnahme
  Prüfungswissen 129
Bewertung
  Prüfungsleistung 132
Bild
  Eindruck, erster 27
  Berufsstand 17
  Erscheinung, persönliche 27
  Persönlichkeit 18
Bilder
  ähnliche 119
Blickkontakt
  Antworten 36
  Überzeugungskraft 37
  Zustimmung 36
Branche
  Spezialgebiete 121

D
Darlegung
  Bescheidenheit 94
  einfache 77, 78
  Extrembeispiele 98
  fehlender Punkt 82
  genaue 79
  Gesprächsverlauf 102
  Hilflosigkeit 81
  imitieren 94
  klar 81
  Natürlichkeit 94
  Normalsituation 98
  Persönlichkeit 4
  Phasen 79
  präzise 77

- Schwierigkeitsgrad 83
- Skizze 91
- Standpunkte, umstritten 70
- Übertreibungen 94
- ungenaue 112
- unglücklich 149
- vollständig 81

Denkmuster
- Dreier-Rhythmus 38
- einfach 33
- klar 33
- konzeptionell 23
- Prüfungsgespräch 32
- strukturiert 85, 87

Dreier-Rhythmus 34, 47, 65, 66, 74, 83, 90, 93, 98 ,127 ,130
- Antworten 33
- Denkverhalten 38

Dynamik
- Gesamteindruck 38
- Prüfungsgespräch 73, 109
- Vortrag 90

E

Eindruck
- Bild, positives 27
- erster 27
- konkreter 85
- Konzept 73
- Prüfling 10
- selbstbewusster 91

Einfachheit
- Denkmuster 33
- Gradmesser 78

Einheit
- gedankliche 46

Einheitlichkeiten
- Grundsatz 44

Erfahrenheit
- keine 112
- Prüfungsgespräch 141
- Selbständigkeit 112
- Verantwortung, größere 112

Erfolg
- Mündliche Prüfung 22
- Rhythmus, eigener 30
- Rückschläge 22
- Widerstände 22

Erscheinung
- Persönlichkeit 37
- Widerspruch 37

Erwartungen
- Ergebnisse, schriftliche 41
- Fachgebiet 39
- falsche 41
- Prüfer 103
- Prüfungsausschuss 39
- unrealistische 41

Extrembeispiele
- Sackgasse 98

F

Fachgebiet
- Abgrenzung 43
- Breite 119
- Erwartungen 39

Fachgespräch
- Beginn 66
- Stichprobe 89

Fachkompetenz
- Abgrenzung 43
- beurteilen 121
- Fachsprache 63
- Gliederung 87
- Praxisbeispiele 66
- Situationsaufgabe 57
- steigern 90
- Überzeugung 73

Fachsprache
- Fakten 92
- Prüfer 63

Fachvokabeln
- Anwendung 117
- Beziehungsfachvokabeln 46
- Fachmann/-frau 47
- Fragen 40
- Gedächtnis 47
- Gedankenstrukturen 47
- Hauptpunkte 33
- Lernkarte 46
- Liste 46
- Lücke 75
- Netz, geistiges 42
- Normalsituation 117
- präsentieren 137
- Reihenfolge 46
- Training 47
- Übergangsmöglichkeiten 108
- Verknüpfungen 47
- W-Fragen-Konzept 75

Fähigkeiten
- denken, strukturiert 87
- entscheiden 111
- unterscheiden 111
- vorlesen 127

Fallgruben
- Prüfung, mündliche 54

Fluss
- Gespräch 67
- Prüfungsgespräch 73, 109
- Worte, verbindende 115

Fragen
- Anhängsel 104
- Art, allgemeines 97
- Beispiele 103
- Beziehungsfachvokabeln 46
- direkte 101
- Erfahrungswerte, keine 112
- Fachsituationen 102
- Fachvokabeln 40
- Fangfrage 104
- fiktiv 102
- Gelegenheit, letzte 141
- Kern 40, 77, 98
- klare 164
- konkrete 115
- Lösungsweg, erkennbar 105
- Merkmale erfassen 119
- merkwürdige 126
- nach dem Gegensatz 105
- nach d. Zusammenhang 105
- ohne Grundlage 104
- Praxis 45
- praxisähnliche 102
- Prüfer 123
- rhetorische 105
- Situation, reale 102
- Standpunkt 102
- Struktur 119
- Unterscheidungsvermög. 102
- unübersichtliche 104
- Urteilsvermögen 102
- verwickelte 104
- W-Fragen 102
- zu aktuellen Problemen 113

Fragestellung
bewältigen 54
Breite 99
gliedern 54, 78
Kurzgliederung 99
Fragetechniken
Prüfer 101

G

Gesamteindruck
dynamisch 38
harmonisch 38
Gesamterfolg
dynamischer Prozess 23
erhalten 42
steigern 130
Summe der Teilerfolge 23
verbessern 41
Gesamtüberblick
Gliederung 85
Gesamtwissen
präsentieren 135
Gespräch
Fluss 67
übersichtlich 99
Gesten
Persönlichkeit 92
zustimmende 127
Gewichtung
Prüfungsteile 42
Gliederung
Fachkompetenz 87
gedankliche 78
Gefühl, richtiges 87
Gesamtüberblick 85
gute 85
Hauptgliederungspunkte 86
Untergliederungspunkte 86
Vortrag 85
Zoomeffekt 86
Grenzen
berechtigte 116
Prüfung, mündliche 43
Prüfungsgespräch 132

H

Habitus
Berufsstand 6
Hauptgedanken
Beispiele 69
Hauptpunkte
Bearbeitung 56
Fachvokabeln 33
Gliederung 86
vollständig 82
Heimspieleffekt
Prüfungsausschuss 9
Hektik
Mündliche Prüfung 9
Hilflosigkeit
Darstellung 81
Ort, fremder 7
Hilfsmittel
Overheadprojektor 91
Präsentation 91
Prüfungsausschuss 91
Tafel 91

I

Identifikation
Berufsstand 37
Information
unklar 84
unvollständig 84
Irritation
Prüfungsgespräch 125

K

Kern
Äußerungen 85
Fragen 77, 98
Problem 77
Klar
Antworten 81
Darstellung 81
Denkmuster 33
Kleidung
Eigenschaften, positive 26
Prüfungsgespräch 26
kompetent
Prüfling 18
Konfliktsituation
Prüfer/Prüfling 122
Konzentration
Vorbereitungszeit 55
Konzept
Denken 23
Eindruck 73
Handeln 23
Mündliche Prüfung 22
Prüfling 21
Rede-Stichwort-Skript 56
W-Fragen 61, 74
Kurzgliederung
Fragestellungen 99
Kurzvortrag
vorbereiten 54

L

Leistungsbeurteilung
Prüfer 13
Lernerfolg
effektiv 47
Zeit, kürzeste 47
Lernkarte
Fachvokabeln 46
Leseverhalten
Situationsaufgabe 61
Liste
Fachvokabeln 46
Lücke
Fachvokabeln 75
Prüfling 129

M

Markierungen
Situationsaufgabe 56
Mündliche Prüfung
Ausstrahlung 22
Besonderer Charakter 6
Erfolgsrezept 22
Erscheinung 26
Fachsprache 18
Heimspieleffekt 9
Herausforderung 4
hilflos 4
Konzept 22
Persönlichkeit 6
ratlos 4
Regeln 4
Selbstvertrauen 6
Techniken 4
Vorbereitungszeit 6

N

Nebengebiete
Sackgasse 108

Nervosität
53, 54, 57, 67, 97, 125, 139
143

O

Ort, fremder
Hilflosigkeit 7
Mündliche Prüfung 9
Problem 10
Prüfungsort 7
Selbstvertrauen 10
unsicher 8
Overheadprojektor
Hilfsmittel 91
Prüfling 10

P

Partner
Prüfling 13
Pausen
Sprechweise 93
Persönlichkeit
Anforderungsprofil 19
Aufgeschlossenheit 18
Augenkontakt 35
Ausstrahlung 18
Berufsstand 6
Berufsstand, Bild 18
besondere Fähigkeiten 5
Bild 60
Bild, positives 18
Darstellung 4
Eindruck, überzeugender 38
Einsatzfreude 18
Erscheinung
27, 37
Gesten 92
Gleichgewicht
86, 125
hilflos 91
Idee 22
Konzept, eigenes 21
Mündliche Prüfung 6
perfekte 18
Prüfungserfolg 26
Rhythmus, eigener 38
Schüchternheit 30
Selbstvertrauen 4
Spielraum 19
sympathisch 139
überzeugende 22
Umgangsformen 18
unentschlossen 37
unsicher 91
verbessern 30
verkrampft 91
verlegen 139
Verlegenheit 30
Vertrauen 18
Worte, verbindende 116
Ziel 22
Präsentation
Hilfsmittel 91
Praxis
Fachkompetenz 66
Fragen 45
Problem
abwägen 40
aktuelle 113
Aufgabe 111
beschreiben 40
einfache 111
erkennen 40
Kern 77
komplizierte 111
konkretes 40
Lösung finden 111
Lösung suchen 40
Ort, fremder 10
Schwierigkeitsgrad 112
vielschichtige 112
Wege aufzeigen 40
Prüfer
Beispiele
70, 103
Erwartungen 119
Fachsprache 63
Frage, breite 123
Fragetechniken 101
Gedankenlosigkeit 126
Konfliktsituation 122
Leistungsbeurteilung 13
Partner 13
Prüfling
6, 132
Prüfungsordnung
42, 45
unaufmerksam 126
ungeduldig 67
Verantwortung 13
Ziel 121
Zwischenfragen 104
Prüfling
Anforderungsprofil 6
Anspruch 12
Erfahrungswerte 131
erster Eindruck 10
Gestaltungsfreiraum 135
Gestaltungsrahmen 135
gut vorbereitet 5
kompetent 18
Konfliktsituation 122
Lücken 129
Overheadprojektor 10
Persönlichkeit zeigen 132
Platz 10
Prüfer
6, 132
Schwächen 5
Sitzplatz 10
Sprachführung 5
Stärken 5
Tafel 10
verwirrt 97
Prüfung, mündliche
Fallgruben 54
Grenzen 43
handwerklichen 4
Überzeugungsarbeit 37
Verhaltensmuster 30
Prüfungserfolg
gefährdet 141
Persönlichkeit 26
Prüfungsfeld
Themenkreise 108
Prüfungsgespräch
Basis, gemeinsame 123
Denkmuster 32
Dynamik
73, 109
Einstieg
53, 57, 97
Erfahrungswerte 105
Erfolg optimieren 142
Fakten 80
Fluss
73, 109, 116
Gedankenaustausch 109
Grenzen 132
Grundsätze 65

Hektik 135
Irritationen 109
Kleidung, extreme 26
lenken 69, 97, 123, 142
praktische Seite 102
Praxiskenntnisse 142
Regeln 65
Rolltreppeneffekt 124
Sachzwänge 11
Schwerpunkte 107
Sicherheit 65
steuern 114
Stocken 75, 108
Streitgespräch 122
Stresssituation 143
Themenwechsel 134
unglücklicher Verlauf 107
Verhalten 36
Verhaltensstrategien 5
Vortrag 89
Zoomeffekt 134
Prüfungskommission
Prüfungsnormen 12
Prüfungsordnung 12
Verantwortung 12
Prüfungsleistung
Bewertung 132
Prüfungsordnung
Abgrenzung 43
Niveau 43
Prüfer 42, 45
Prüfungskommission 12
Prüfungsteile 42
Prüfungsvorbereitung 44
Standards 43
Themenwahl 45, 107
Prüfungsort
Ort, fremder 7
Prüfungsraum
Prüfungsraum 10
Prüfungsteile
Gewichtung 42
Prüfungsordnung 42
Verhältnis, ausgewog. 42
Prüfungswissen
Bestandsaufnahme 129
nachrüsten 130
Spezialgebiete 131
Stand erhöhen 130
überschaubar 46

R

Randbemerkungen
Situationsaufgabe 57
Rede-Stichwort-Skript
erstellen 54
Konzept 56
Rede-Stichwort-Skript 60, 65, 67, 74, 86, 89
Reden
freie 74
lange 89
Redewendungen 70
Regeln
Mündliche Prüfung 4
Prüfungsgespräch 65
Rhythmus
Erfolg 30
natürlicher 29
Persönlichkeit 38

S

Sachverhalte
darstellen 119
erfassen 119
Überblick 75
Vorstellung, genaue 117
Sachzwänge
Prüfungsgespräch 11
Sackgasse
Beispiele 69
Extrembeispiele 98
Fangfrage 104
Nebengebiete 108
Sätze
kurze 108
unvollständige 90
vollständige 115
Schlüsselworte
Vorbereitung 55
Selbstvertrauen
Mündliche Prüfung 6
Ort, fremder 10
Persönlichkeit 4
Selbstvertrauen 17
Sprechweise 66
Sicherheit
Eindruck 110
Grad 129
Prüfungsgespräch 65
Situationsaufgabe
Leseverhalten 61
Markierungen 56
Randbemerkungen 57
Vorbereitungszeit 53
Sitzplatz
Prüfling 10
Skizze
Darstellung 91
pass. Vorbereitungszeit 91
Skizze 111
Spezialgebiete
Branche 121
Sprechweise
deutliche 92
langatmige 77
Pausen 93
Prüfling 5
Selbstvertrauen 66
undeutliche 77
Standards
Zuhörer, Wirkung 110
Standpunkt
Darlegung 70
Prüfungsordnung 43
umstrittener 122
Stichprobe
Fachgespräch 89
repräsentativ 89
Stift
Vorbereitung, Techniken 95
Stocken
Prüfungsgespräch 75
Struktur
denken 85
Fragen 103
Tiefe 41
Vortrag 85

T

Tafel
Hilfsmittel 91
Prüfling 10
Tafel 111
Techniken

Mündliche Prüfung 4
Themen
gemeinsames 97
Überblick 138
Vielfalt 129
Vortrag 53
Themenwahl
Prüfungsordnung 45, 107
Themenwechsel
Prüfungsgespräch 134
Tonband
Sprechweise verbessern 110
Vorbereitung 93
Training
Fachvokabeln 64

U

Überblick
Sachverhalte 87
Themen 138
Überzeugungskraft
Blickkontakt 37
Uhr
Vorbereitungszeit 60
Umgebung, fremde
bewusst wahrnehmen 38
natürlich bewegen 38
sicher auftreten 38
Unterbrechungen
Vortrag 66
Untergliederungspunkte
Gliederung 86

V

Verhaltensmuster
Prüfungsgespräch 30, 36
Verhaltensstrategien
Prüfungsgespräch 5
Vertiefungsfrage
Vertiefungsfrage 86
Vorbereitung
Schlüsselworte 55
Spiegel 94
Stift, Techniken 55
Tonband 93
Vorbereitungsblatt 54
Vorbereitungszeit
Konzentration 59
Mündliche Prüfung 6
Situationsaufgabe 53
Skizze, passende 91
Uhr 60
Vortrag, mündlicher 53
Zeit, kurze 53
Vortrag
anpassen 67
Dynamik 90
Gliederung 85
Komposition 89
Länge 90
lebendig 105
Qualität 90
rhetorische Fragen 105
Sicherheit 54
Struktur 85
Thema, spezielles 53
Unterbrechungen 66
Vorbereitungszeit 53
Zeitbegrenzung 60
Zwischenfragen 66
Vortragen
flüssiges 93
Vortragsweise
verbessern 93

W

W-Fragen-Konzept 83, 98, 101
Fachvokabeln 75
Wahl
Aufgabe 61
Widerspruch
verwickeln 104
Wissen
präsentieren 66, 119, 121
Wissensgebiete
Teilkomplexe 46
Worte
verbindende

Z

Zeit
einteilen 59
Zeitfaktor
unterschätzen 53
Zerlegen
Aufgabenstellung 46
Zoomeffekt
Gliederung 86
Prüfungsgespräch 134
Zwischenfrage
Hilfestellung 105
Prüfer 104
Vortrag 66
Zwischenfrage 86